W0074083

Cordula Nussbaum

LASS MAL ALLES AUS!

Cordula Nussbaum

LASS MAL ALLES AUS!

Wie Du wirklich abschalten lernst

Externe Links wurden bis zum Zeitpunkt der Drucklegung des Buches geprüft.
Auf etwaige Änderungen zu einem späteren Zeitpunkt hat der Verlag keinen Einfluss.
Eine Haftung des Verlags ist daher ausgeschlossen.

Bibliografische Information der Deutschen Nationalbibliothek

Die Deutsche Nationalbibliothek verzeichnet diese Publikation in der
Deutschen Nationalbibliografie; detaillierte bibliografische Daten
sind im Internet über http://dnb.d-nb.de abrufbar.

ISBN 978-3-86936-939-6

Lektorat: Anja Hilgarth, Herzogenaurach
Umschlaggestaltung: total italic (Thierry Wijnberg), Amsterdam / Berlin |
www.totalitalic.com
Autorenfoto: R. N. Fastner
Illustrationen: R. L. Fastner
Satz und Layout: Lohse Design, Heppenheim | www.lohse-design.de
Druck und Bindung: Salzland Druck, Staßfurt

© 2019 GABAL Verlag, Offenbach
Alle Rechte vorbehalten. Vervielfältigung, auch auszugsweise,
nur mit schriftlicher Genehmigung des Verlags.

Wir drucken in Deutschland.

www.gabal-verlag.de
www.facebook.com/Gabalbuecher
www.twitter.com/gabalbuecher

PEFC zertifiziert
Dieses Produkt stammt aus nachhaltig
bewirtschafteten Wäldern und kontrollierten
Quellen.

www.pefc.de

Inhalt

Spot on

Liebe Leserin, lieber Leser,

aus welchem Grund hast Du nach diesem Buch gegriffen? Sehnst Du Dich danach,
endlich mal abschalten zu können? Tiefe Ruhe
zu spüren? In den Themen versinken zu können?
Innerlich zu entspannen? Versunken zu sein? Muße
zu haben? Den Müßiggang zu genießen? Wieder Freude am
dem zu haben, was Du tust? Echte innere Kraft zu spüren? Dich
einfach mal treiben zu lassen – anstatt angetrieben zu sein?

Alles mal auslassen, abschalten, auftanken – kaum ein Zustand ist heute für viele Menschen schwieriger zu erreichen, als
die Pause-Taste zu drücken. Und sich in echt, digital und auch
mental aus dem Alltag auszuklinken.

Ich selbst war jahrelang auch ständig »on«. Rund um die Uhr
erreichbar, jederzeit bereit, für andere zu springen, mental ständig im »Tun«-Modus. Was mir definitiv nicht guttat. Was mir
definitiv aber auch gar nicht auffiel, vor lauter Beschäftigtsein.
Zweimal musste es mich gesundheitlich massiv rauswerfen aus
meinem »ständig on«, bis ich nach und nach lernte, mein ganz
persönliches »On-off«-Level zu finden. Ein Level, das mich in
rasanter Fahrt hält, aber auch Boxenstopps erlaubt, um gesund
und tiefenentspannt leistungsfähig zu bleiben. Interessanterweise stiegen meine Produktivität und auch mein (finanzieller)
Erfolg sogar, nachdem ich nicht mehr ständig »on« war. Du wirst
im Laufe dieses Buches verstehen, warum das so ist, und Dich
auf den gleichen Effekt bei Dir freuen können.

In meinen Seminaren, Vorträgen und Coachings lernten bislang mehrere Tausend Angestellte, Führungskräfte und Unternehmer die besten Methoden kennen, endlich mal mit einem guten Gewissen (!) abzuschalten. Du hältst diese Impulse jetzt mit diesem Buch in Händen. Impulse für ein »Raus« aus der ständigen Alarmbereitschaft und ein »Rein« in ein echtes Abschalten-Können.

Dabei schauen wir auf die Rahmenbedingungen, die unseren »Off«-Wunsch häufig erschweren, und Du bekommst Impulse, wie andere Menschen und Unternehmen »Lass Mal Alles Aus« mit Erfolg eingeführt haben. Dann nehmen wir unter die Lupe, warum Du im tiefsten Inneren vielleicht (noch) gar nicht *wirklich* abschalten willst, und sobald Du die äußeren und inneren Grundlagen für »Lass Mal Alles Aus« – LMAA – geschaffen hast, erfährst Du, wie Du jetzt auch den Kopf frei bekommst.

Viel Spaß beim Lesen, und viel Spaß beim echten genussvollen Abschalten!
Deine Cordula Nussbaum

PS: Unter www.gehtjadoch.com/abschalten findest Du ein Workbook sowie Bonusmaterial für Dein individuelles LMAA-Training. Das Passwort lautet: LMAA.

PPS: »Lass Mal Alles Aus!« ist das 2. Buch aus der neuen LMAA-Reihe von Cordula Nussbaum. Bislang erschienen: LMAA – 66 Miniplädoyers für mehr Mut, Leichtigkeit und Gelassenheit.

Ständig »on« — wirklich so schlimm?

Wer behauptet eigentlich, dass wir unbedingt »abschalten« müssen? Dass wir Pausen brauchen? Dass wir nicht erreichbar sein sollten? Was ist, wenn Du Dich total wohlfühlst damit, ständig »on« zu sein? Was ist, wenn Du es liebst, Dich sofort um neue Probleme zu kümmern? Wenn es Dich glücklich macht, jederzeit ansprechbar zu sein, und Dein hoher Action- und Erreichbarkeits-Level Dein Jungbrunnen ist?

Nerven Dich die Diskussionen um eine »gesunde Work-Life-Balance«? Weil Du keinen Unterschied machst zwischen Job und Leben? Weil Deine Arbeit Leben pur ist? Und Du »Work« und „Life" gar nicht so strikt trennen willst?

Warum drohen uns ständig alle mit dem Damoklesschwert »Burn-out«, nur weil wir unseren Job lieben und viele Stunden damit verbringen? Warum soll es schädlich sein, dass Du nachts am Rechner oder Telefon bist und auch in der Freizeit von einem Ehrenamt zum nächsten springst? »Schlafen kann ich, wenn ich tot bin«, sagte einst der legendäre Filmemacher Rainer Werner Fassbinder, der in 13 Jahren 44 Filme machte und mit 37 Jahren starb. Ist das auch DEIN Motto?

Ja, es gibt Menschen, die brennen wie eine Kerze von zwei Seiten. Und denen zu sagen: »Schalt mal ab, schalt mal einen Gang runter!«, ist so sinnvoll wie zu einem Vogel zu sagen: »Hör auf zu zwitschern!« Manche Menschen haben es quasi in ihrer DNA, als Hochgeschwindigkeitszug ohne Zwischenhalt durchs Leben zu donnern und Tag und Nacht ansprechbar zu sein.

Per se gibt es nichts zu mäkeln an einem hohen Workload, vielen Verpflichtungen, einer Verschmelzung von Berufs- und Privatleben und einem emsigen Tun. Dann nämlich, wenn das hohe Tempo, das Jonglieren von zahlreichen Aufgaben gleichzeitig und der stolze Blick in den vollen Terminkalender unserem *inneren* Rhythmus entspricht. Solange es unsere *innere natürliche Taktung* ist, die uns antreibt, und nicht das Tempo in unserer Umgebung, dann ist alles wunderbar. Solange wir freiwillig zum »Work-Life-Blender« werden – nein, nicht der »Vortäuscher«, sondern der »Mixer« (aus dem englischen blend = mischen) –, der seinen beruflichen und privaten Alltag fließend handhabt, so lange ist alles im Lot. Solange wir auftanken können und uns erholen können, brauchen wir über »Lass Mal Alles Aus« nicht weiter nachzudenken.

Wenn wir allerdings verdichten, hetzen und jonglieren, wenn wir mixen und ständig erreichbar sind, weil die Menschen- und Aufgabenfülle in unserem Alltag da draußen oder kleine bohrende Antreiber in uns selbst uns immer wieder zu »ständig on« antreiben, dann wird es ungesund.

Schleichend infiziert

Dumm nur, dass wir oft gar nicht merken, warum wir so emsig sind, wie wir sind. Schleichend packen uns offene Aufgaben unauffällig bei der Ehre. Unbemerkt locken uns neue Projekte in ihren Bann. Still und leise machen sich Urlaubs- und Neujahrsvorsätze, endlich mal weniger zu tun, davon. Machen die Kollegen ja auch nicht! Viel zu schaffen wird in unserer Leistungsgesellschaft honoriert. Faultiere sind verpönt! Und solange es dumme Sprüche hagelt, wenn wir pünktlich Feierabend machen («Arbeitest du jetzt halbtags?«), ist es schwer, die innere Taktung zu spüren – und zu leben.

Immer »on« zu sein, hat Suchtcharakter. Wir fühlen uns toll und unschlagbar. Yeah, alle To-dos erledigt, und nebenbei noch zehn überraschende Aufgaben gewuppt – Chapeau! Wir wollen die Fülle des Lebens auskosten – also noch schnell ein paar Konzerttickets gebucht. Wir wollen mit unseren Freunden in Kontakt bleiben – also noch hurtig in 37 WhatsApp-Gruppen unseren Senf dazugegeben. Noch ein Herz auf dem Instagram-Post des Schwagers verteilen und neue Schuhe bei Zalando bestellen. Mal alles auslassen? Fehlanzeige. Tempo und »Sofortness« stecken an. Nicht nur beim Arbeiten, sondern sogar beim Gehen!

Kennst Du »die schnellste Stadt der Welt«? In Singapur brauchten die Fußgänger für eine rund 18 Meter lange Strecke im Schnitt elf Sekunden, stellten Wissenschaftler in einer heimlichen Beobachtung fest. 13 Jahre früher ließen sie sich dafür noch 15 Sekunden Zeit. Zum Vergleich: In Malawi bummeln die Einwohner von Blantyre die Strecke in rund 32 Sekunden.[1] Forscher gehen davon aus, dass das Schritttempo eng mit dem Lebenstempo und dem Stressempfinden zusammenhängt: Je schneller wir gehen, desto schneller und stressiger empfinden wir unseren Alltag. Unsere innere Taktung passt mit der äußeren Taktung einfach nicht (mehr) zusammen.

>»Die Zeit vergeht nicht schneller als früher, aber wir laufen eiliger an ihr vorbei.«*

GEORGE ORWELL

Abschalten? Eine Sünde!

Im Kern ist die Überforderung durch äußere Taktungen ein uraltes Thema, unter dem bereits unsere Vorfahren litten. Ab dem 14. Jahrhundert regelten Glocken den Arbeitstag der Tuchmacher in den Webereien in Italien, Flandern oder Nordfrankreich; und die wachsende Zahl von Händlern, Handwerkern, kleinen Unternehmern und Beamten schürten den Wunsch, die Zeit genauer ermitteln zu können. Immer mehr verloren die Menschen den Bezug zum Rhythmus der Natur und arbeiteten unabhängig von den Jahreszeiten, unabhängig von Hell und Dunkel. Für sie wurde es zunehmend wichtig, sich zu fixen Terminen treffen zu können. Auch die Arbeit an sich wurde immer effizienter organisiert und schnell machten Moral-Theologen eine neue Sünde aus: die Zeitverschwendung. Der Dominikaner Domenico Cavalca, gestorben 1342 in Pisa, verkündete kategorisch: Der »Müßige, der seine Zeit verliert, der sie nicht bemisst, gleicht den Tieren und verdient es nicht, als Mensch angesehen zu werden«.[2]

Lewis Mumford, ein US-amerikanischer Gelehrter des 20. Jahrhunderts, nannte die Uhr *die* Schlüssel-Erfindung des Industriezeitalters – nicht die Dampfmaschine.[3] Es setzte sich die Überzeugung fest, dass eine Gesellschaft nur überleben kann, wenn sie sich beschleunigt und permanent wächst. Stillstand bedeutete Rückschritt, bedeutete das Risiko, alles wieder zu verlieren. Und das setzte die Menschen unter Druck.

Als dann noch elektrisches Licht die Gasfunzeln und Kerzen ablöste, änderten sich der Tagesrhythmus und die Geschwindigkeit des Lebens radikal. 1919 lästerte Kurt Tucholsky: »Dieses Tempo, diese irrsinnige preußische Art, sich das Leben kaputtzumachen. Anderswo wird auch gearbeitet, und sicherlich so intensiv wie bei uns – aber man macht nicht solchen Salat daraus.«[4]

Volksleiden »Hetzkrankheit«

Schon damals begannen die Menschen zu leiden. Mit Anfällen von Herzklopfen, Zuckungen beim Einschlafen, Verdauungsstörungen, Depressionszuständen sowie hochgradiger körperlicher und psychischer Ermüdung kam der österreichische Schriftsteller Robert Musil im März 1913 zu einem Nervenarzt. Diagnose: Neurasthenie. Auch Franz Kafka reiste im September 1913 an den Gardasee, »um seine Verzweiflung und Neurasthenie heilen zu lassen«.[5]

»Neurasthenie« überflutete Mitteleuropa wie eine Epidemie und war in den Jahren vor 1914 eine der häufigsten Diagnosen überhaupt. Die zunehmende Nervosität müsse irgendwie mit Industrialisierung, Säkularisierung und Urbanisierung zu tun haben, sagten Mediziner. »Alles geht in Hast und Aufregung vor sich, die Nacht wird zum Reisen, der Tag für die Geschäfte benützt; selbst die Erholungsreisen werden zu Strapazen für das Nervensystem«, schrieb der Nervenarzt Wilhelm Erb 1893.[6]

Heute nennen wir es »Hurry Sickness« oder Burn-out. Ausgelöst mit einer neuen Beschleunigungswelle in den 1990er Jahren, durch Internet, den Siegeszug der Personal Computer, Mobiltelefone und schließlich mobiles Internet.

Zeitmillionäre? Schön wär´s!

Fast immer verspricht uns eine neue Technik, dass wir Zeit »sparen«. Doch das Gegenteil ist der Fall. Statt nun Zeitmillionäre zu sein, darben wir an Zeitknappheit.

Kein Wunder. Zum einen passen wir unsere Aufgabenmenge und unseren Konsum an die neuen Möglichkeiten an. Im Sekundentakt schicken und beantworten wir E-Mails, lassen täglich die Waschmaschine laufen oder fahren mit dem Auto schnell noch 300 Kilometer auf ein cooles Konzert. Wir packen die Tage immer voller – einfach weil wir es können.

Oder weil wir es müssen: Viele Berufstätige erledigen heute ein Pensum, das früher von zwei oder drei Menschen gestemmt wurde. Ein gutes Zeitmanagement und Effizienz gelten als Schlüssel zum Erfolg. Ergebnis: Die Aktivitäten verdichten sich, aber mit Multitasking versuchen wir auch das zu bewältigen. Leider reißt die Arbeit nicht mehr ab – und solange der Akku Deines Laptops oder Smartphones geladen ist, hast Du heute etwas zu tun. Internet, Smartphone & Co. ist es zu verdanken, dass wir rund um die Uhr und rund um den Globus ständig arbeiten können. Besonders wenn wir selbstständig sind oder als Führungskraft oder Angestellter ein über Europa hinaus gehendes Zuständigkeitsgebiet haben, in verschiedenen Zeitzonen.

Je mehr wir dann noch unsere Arbeit lieben, desto mehr Zeit und Energie stecken wir rein und sind auch bereit, weit über die gesetzlichen Zeiten hinaus zu arbeiten.

Die Technik macht es heute möglich, dass wir 24/7 »on« sein können. Dummerweise zieht alleine die *Möglichkeit* der ständigen Erreichbarkeit bei vielen Menschen aber auch die gefühlte

Pflicht mit sich, tatsächlich erreichbar sein zu *müssen*. Und irgendwann wollen wir es auch. Um ja nichts zu verpassen. Oder um ja nicht beruflich oder privat abgehängt zu werden. Und schon genießen wir es, in der U-Bahn indisches Currygewürz direkt in Delhi bestellen zu können, nachts im Bett mit einer Freundin in Toronto zu chatten und auf dem Klo minutengenau über die News der Welt informiert zu sein. Mal sich ausklinken und abschalten – schier unmöglich!

Doch »Abschalten« ist nicht nur eine Frage der Aufgabenorganisation oder eine technische Challenge. Denn selbst wenn wir offline sind, uns in den Feierabend, ins Wochenende oder in den Urlaub verabschiedet haben, macht unser Hirn noch lange keine Pause! Selbst wenn wir mal erschöpft auf der Couch liegen, dreht sich das Gedankenkarussell weiter.

Ständig »on« macht krank

Mit fatalen Folgen. Unser Geist, unsere Seele und unser Körper haben kaum noch echte Erholphasen. Wir werden krank. Innere Unruhe, Erschöpfung, Ausgelaugtsein, Schlaflosigkeit, Gereiztheit, Allergien, Gewichtszunahme, Lustlosigkeit, Antriebsschwäche, Kraftlosigkeit, Depression, Burn-out – all dies sind Folgen der ständigen inneren Alarmbereitschaft.

107 Millionen Tage fielen deutsche Berufstätige vor zwei Jahren aufgrund von psychischen Leiden wie Depression und Burn-out aus. Zehn Jahre vorher war es nicht mal die Hälfte dieser Fehlzeiten! Wirtschaftlicher Schaden für die Arbeitgeber: Produktionsausfälle von rd. 12,2 Milliarden Euro.[7] Die Psyche ist zu 43 Prozent mittlerweile auch die häufigste Ursache, wenn

Berufstätige vorzeitig in den Ruhestand gehen.[8] Und selbst bei (Kindergarten-)Kindern und Jugendlichen zeigt rund jeder Fünfte Anzeichen von massivem Stress, wie Schlafstörungen, Kopf- und Bauchschmerzen, Aggressionen oder Wut.[9]

Ja, ich glaube, dass ständig »on« schlimm ist. Nicht nur wenn ich auf die Zahlen schaue, sondern auch wenn ich meinen Seminarteilnehmern und Coachingklienten zuhöre oder wenn ich mich im Bekanntenkreis umschaue.

Auch wenn wir es freiwillig machen – ständig »on« zu sein fordert einen hohen Preis. Dann nämlich, wenn wir permanent über unsere Grenzen gehen, wenn eine zu hohe Taktung Druck ausübt, wenn das Verschmelzen von Berufs- und Privatleben mehr Probleme aufwirft und Konflikte erzeugt, als es uns autonome Freiheit schenkt, wenn wir in die Arbeitssucht zu rutschen drohen oder die ständige Alarmbereitschaft den Schlaf raubt, wenn wir ohne echte Pausen durch die Tage rauschen und als hilfsbereite Menschen ständig für die anderen da sind – dann ist es kein Wunder, dass wir uns müde und ausgelaugt fühlen, dass wir schlecht schlafen und das Leben nicht mehr so genießen können, wie wir es wollen.

Zeit, Dein ideales On-off-Level zu definieren

Es ist an der Zeit, dass jeder von uns sein »On-off-Level« neu definiert und sich befreit von inneren und äußeren Zwängen. Es ist an der Zeit, dass jeder von uns (wieder) lernen darf, die eigenen Grenzen und Bedürfnisse zu spüren und sich dafür einzusetzen. Denn was bringen uns Arbeitszeitgesetze und Vorgaben, wenn unsere inneren Antreiber uns ständig in ein Verhalten drängen, das uns auf Dauer gesehen einfach nicht guttut? Nichts!

Immer mehr Menschen fangen deshalb an, nachzudenken über den Irrsinn, den wir hier feiern. Und gehen neue Wege, auf denen sie mal alles auslassen.

Wir brauchen mehr Achtsamkeit, um zu spüren, was wir wirklich wollen. Wir brauchen mehr Selbstwert, um für uns zu kämpfen. Und wir brauchen eine gesunde Portion »LMAA«, um das »Lass Mal Alles Aus«, was wir uns für uns wünschen, dann auch wirklich mit einem guten Gewissen dauerhaft erfolgreich umsetzen zu können.

Ob Du einfach mal alles auslassen willst oder nicht, das ist natürlich ganz alleine Deine Entscheidung. Wenn Du aber willst, dann finde jetzt heraus, was Dich in den »ständig on«-Modus treibt, und lerne Strategien, einen Schlussstrich zu ziehen sowie Dein ideales On-off-Level zu finden.

Status quo
statt Bauchgefühl

Viele Menschen möchten »eigentlich« abschalten (oder andere Dinge in ihrem Leben verändern), aber schaffen es einfach nicht. Kein Wunder!

Denn wenn wir nicht das tun, was wir »eigentlich« tun wollen, dann hat das in der Regel handfeste Gründe. »Irgendetwas« in uns sabotiert das, was der Kopf als logisch und gut bewertet. »Irgendetwas« sorgt dafür, dass wir nicht so handeln, wie es besser für uns wäre. »Irgendetwas« funktioniert als Antreiber – in unserem Falle kämpfen wir also gegen unsere On-Treiber. Denn dieses »irgendetwas« wirft uns immer wieder auf unsere schlechten Gewohnheiten zurück. Selbst bei vermeintlich so banalen Dingen, wie mal das Handy auszulassen. Oder das Gedankenkarussell zu stoppen.

Einer der häufigsten Gründe, warum wir unser Verhalten nicht ändern, ist, dass wir schlicht und ergreifend gar nicht wissen, wie es um uns steht. Wir unterschätzen unseren Handykonsum, die Auswirkung von Störungen oder Multitasking, oder überschätzen unsere Leistungsfähigkeit im Verlauf eines Arbeitstages oder einer Arbeitswoche.

Solange wir aber kein klares Bild vom Sinn oder Unsinn unseres Treibens haben, haben wir null Anlass, etwas zu verändern. Schon gar nicht, wenn von außen ein Impuls kommt, was »man« doch bitte tun oder lassen sollte. Solange Du nicht deutlich siehst, welchen Effekt Dein Verhalten auf Deine Lebensqualität, Deine Zufriedenheit, Deine Leistungsfähigkeit oder auf das Miteinander mit anderen Menschen hat, wirst Du nicht nachhaltig etwas verändern.

Wenn Du also das Gefühl hast, Deine guten Vorsätze in puncto »abschalten« könnten von »irgendetwas« in Dir torpediert werden, dann ist es sinnvoll, Dir erst mal einen Überblick zu verschaffen, wie gut oder schlecht es tatsächlich um Dich steht, und auch Deine möglichen Saboteure zu entlarven.

Äußerer Rahmen – innerer Antrieb

Dass viele von uns ständig im Stand-by-Modus sind und der heute ach so möglichen »Sofortness« erliegen, hat in der Regel zwei Ursachen:

1. Die Rahmenbedingungen
Technisch ist es uns möglich, 24 Stunden am Tag, sieben Tage die Woche, 52 Wochen im Jahr »on« zu sein – außer der Akku unserer digitalen Geräte ist leer oder wir haben keinen Netzempfang. Diese Rahmenbedingen fördern unter Umständen auch eine hohe Erwartungshaltung von Vorgesetzten, Kollegen, Kunden, Freunden oder Familienmitgliedern, die sich aber nicht nur auf unsere technische Erreichbarkeit und Reaktion auf Anfragen bezieht, sondern auch auf unsere persönliche Ansprechbarkeit.

2. Der innere Antrieb
Ob wir in den oben genannten Rahmenbedingungen allerdings tatsächlich ständig »on« sind, hängt ganz stark von unserer

inneren Befindlichkeit ab. Denn nur, weil wir »on« sein *können*, heißt das ja nicht, dass wir es auch wirklich sind. Was also treibt uns innerlich in den ständigen Empfangsbereit-Modus?

Situation + Antrieb = Handlung

Im Verlauf der kommenden Kapitel werden wir uns beide Komponenten anschauen. Denn selbst wenn die Rahmenbedingungen sich als 100-Prozent-Forderung für »ständig on« darstellen, so schaffen es viele meiner Seminarteilnehmer und Coachingklienten ganz wunderbar, sich nicht mehr vereinnahmen zu lassen. Sie setzen Grenzen und weisen selbstbewusst und selbstbestimmt die Forderungen von außen zurück. Sie schaffen sich Zeiten für Aktivitäten, in denen sie versinken und aufgehen, sie sind im Flow und genießen die müßigen Stunden.

Auch Du kannst das schaffen!

Reflexionen: Was hält mich »on«?

In den folgenden Kapiteln findest Du immer wieder Reflexionsfragen zu den häufigsten On-Treibern, die meine Klienten auf Trab hielten. Die Aussagen und die Beispiele sollen Dir helfen, Deine eigenen Gedanken oder Situationen deutlich zu sehen, die Dich immer wieder (unbewusst) vom Abschalten abhalten.

Kreuz bei den jeweiligen Aussagen bitte jeweils das an, was Dich spontan am meisten anspricht oder Deinem Verhalten – Hand aufs Herz – derzeit am meisten entspricht. Ja, vielleicht sind einige Aussagen sehr »durchsichtig« und Du weißt genau, was Du ankreuzen müsstest, damit Du einem bestimmten (geschönten?) Bild entsprichst. Aber darum geht es hier nicht. Keiner außer Dir selbst wird Deine Auswahl sehen, deshalb nutz die einzelnen Aussagen, um selbst-kritisch und selbst-wert-schätzend auf Dich zu blicken. Denn je klarer Du Dich hier mit Deinen Ecken und Kanten erkennst, desto besser wirst Du die Dinge ändern können, die Dir dann wirklich am Herzen liegen.

Du glaubst, dass auch andere Menschen nach Dir dieses Buch in die Hand nehmen werden? Dann lade Dir die Übungen unter www.gehtjadoch.com/abschalten gratis als PDF herunter, und füll sie ehrlich aus.

Du machst diese Reflexion für Dich und zu Deinem Wohle. Meine Fragen helfen Dir dabei, wie in einem Einzelcoaching, Dich selbst besser kennenzulernen und anschließend Deine ganz individuellen LMAA-Strategien anzuwenden.

Also los!

On-Treiber #1: Kannst Du mal?

Kennst Du die grassierende Seuche in unserem Alltag? Es sind ständige Unterbrechungen. Meist eingeleitet mit den Worten: »Kannst Du mal ...?« Oder: »Hast Du gerade mal zwei Minuten?«

Kaum ein Berufstätiger, der störungsfrei arbeiten kann. Kaum eine private Stunde, in der wir nicht herausgerissen werden aus dem, was wir »eigentlich« gerade tun. Störungen haben sich auch dank der vielen neuen Kommunikationskanäle zum Zeitfresser und Stressfaktor Nummer eins entwickelt. Wurden wir im Jahr 2004 alle elf Minuten gestört,[10] so reißen uns heute alle drei Minuten das Telefon, eine E-Mail, eine Push-Nachricht, in der Türe stehende Kollegen oder klingelnde Lieferboten aus dem Tun.[11] Das Fatale daran: Rund vier bis acht Minuten brauchen wir danach, um den roten Faden wiederzufinden.[12] Bevor wir also wieder konzentriert arbeiten können, stecken wir längst in der nächsten Unterbrechung. Selbst wenn wir eine aufgepoppte Mail lediglich überfliegen (nicht bearbeiten!), brauchen wir im Schnitt 64 Sekunden, um gedanklich beim »eigentlichen« Thema wieder anzudocken.[13] Unterm Strich bleiben rein rechnerisch zwei Minuten für produktives Tun.

Effekt: Wir haben verlernt, fokussiert und konzentriert zu bleiben. Ständig technisch und physisch auf Abruf zu sein, nicht abschalten zu *dürfen*, hat dafür gesorgt, dass wir technisch, physisch und mental gar nicht mehr abschalten *können*. Unsere Aufmerksamkeitsspanne sank in den letzten Jahren messbar,[14] und ständig reißen wir uns auch selbst aus dem Tun.

Wie ist das bei Dir? Bitte nimm Dir einen Moment Zeit, um über die folgenden Aussagen nachzudenken.

Der Check: Erreichbarkeit

		Trifft eher zu	Trifft eher nicht zu
1	Bei der Arbeit werde ich ständig aus dem Tun gerissen: Kollegen, Anrufer, Chefs wollen was von mir.	◯	◯
2	Ich glaube, ich habe eine sehr hohe Selbstkontrolle und mich und meine Impulse sehr gut im Griff.	◯	◯
3	Aufpoppende Nachrichten, Plings und Vibrationen sind eine schöne Abwechslung in meinem Alltag – warum sollte ich darauf verzichten?	◯	◯
4	Bei uns herrscht die (unausgesprochene) Vorgabe, dass wir eingehende Anrufe oder Mails sofort beantworten müssen.	◯	◯
5	Ehrlich gesagt, macht mir meine derzeitige Tätigkeit nicht wirklich Spaß, sie erfüllt mich nicht wirklich.	◯	◯
6	Mein Chef erwartet, dass ich während der Arbeitszeit jederzeit für ihn ansprechbar bin und sofort auf neue Anweisungen reagiere.	◯	◯
7	Meine Vorgesetzten oder meine Kunden erwarten (unausgesprochen), dass ich auch außerhalb meiner Arbeitszeiten erreichbar und einsatzwillig sein muss.	◯	◯

		Trifft eher zu	Trifft eher nicht zu
8	Es ist bei uns nicht gewünscht, dass wir mal die Tür zumachen oder uns anders für konzentriertes Arbeiten zurückziehen (Kopfhörer, leerer Konferenzraum, ...).	◯	◯
9	Auch wenn mich Unterbrechungen nerven, so schaffe ich doch unterm Strich total viel, bringe alles pünktlich fertig, fühle mich allerdings erschöpft nach so einem Tag.	◯	◯
10	Wenn ich an meine Zukunft denke, dann weiß ich nicht wirklich, was ich so machen soll. Mich verändern? Bleiben? Was anderes tun? Aber was?	◯	◯
11	Ich habe schon mal negatives Feedback bekommen, als ich nicht sofort auf eine Anfrage reagiert habe. Deshalb antworte ich jetzt immer so schnell wie möglich.	◯	◯
12	Ich finde es eigentlich ganz gut, dass ich immer wieder aus der Arbeit oder aus anderen Aktivitäten gerissen werde. Denn ich schaffe mit mehr Druck einfach mehr.	◯	◯

Wer ständig erreichbar ist, erreicht nichts

Welche Aussagen hast Du im Selbstcheck mit »Trifft eher zu« beantwortet? Geht es Dir wie dem Großteil meiner Coachingklienten und Seminarteilnehmer, dass die Arbeit im Großraumbüro einem Kinderspielplatz ähnelt, wo munter von einem Ende zum anderen gerufen wird? Wo Kollegen und Vorgesetzte alle naselang mit neuen Fragen oder Infos am Schreibtisch auftauchen? Und wo viele Berufstätige sogar meinen, sie seien doch total produktiv, weil sie 100 Bälle gleichzeitig in der Luft halten?

Sind Deine Vorgesetzten der Meinung, Störungen seien super, weil sie einen »wertschöpfenden Austausch« zwischen den Kollegen darstellen? Und sofortiges Reagieren helfe, den Workflow geschmeidig zu halten?

Ja, es stimmt. Auf Arbeitsplätzen, wo eine »Just in time«-Bearbeitung stattfindet, hält es auf, wenn ein Mitarbeiter seinen Platz in der Kette verlässt und nicht erreichbar ist. Aber wir sprechen beim Thema »Unterbrechungen« meist nicht über Arbeiten am Fließband oder über Tätigkeiten wie Kassierer, Hotline-Mitarbeiter oder Ersthelfer, die sofort anspringen müssen, wenn jemand etwas braucht. Nein, wir sprechen von einem ganz normalen Alltag – vor allem in den Büros.

Warum Büro? Weil der Blick auf andere Arbeitsplätze sofort zeigt, wie absurd es wäre, sich stören zu lassen. Oder kannst Du Dir einen Schreiner vorstellen, der alle drei Minuten in der Werkstatt die Säge abstellt, weil ein Anruf kommt? Oder kannst Du Dir einen Chirurgen vorstellen, der alle paar Minuten im OP sein Besteck zur Seite legt, um mit Angehörigen zu sprechen, dann seinem Schatz eine WhatsApp zu schicken und dem Chefarzt eine Mail zu beantworten? Anders schaut das aus, sobald der Schreiner in sein Büro geht oder der Arzt in sein Zimmer. Anderes Umfeld, andere Erwartungen, anderes Verhalten.

Unterbrechungen – nicht immer schlimm

Müssen wir jetzt Unterbrechungen komplett verteufeln? Nein. Denn Unterbrechungen sind nicht immer schlimm, ja haben sogar auch viele Vorteile.

Vorteil 1: Nicht jede Störung stört massiv

Studien haben gezeigt, dass Unterbrechungen mit Fragen, die zum Kontext der Aufgabe passen, die wir gerade bearbeiten, weniger störend sind und kürzere Wiedereinarbeitungszeiten erzeugen als fachfremde Anfragen. Auch wenn wir nur kleine, simple To-dos einschieben, beispielsweise nur kurz etwas unterzeichnen, dann erleben wir die Unterbrechung als nicht so schlimm.[15]

Vorteil 2: Störungen geben Impulse

Manchmal bringt uns eine Nachfrage eines Kollegen sogar einen zündenden Impuls, um die Aufgabe schneller und besser erledigen zu können.

Vorteil 3: Störungen bringen Abwechslung

Unterbrechungen können auch die gute Laune steigern bei Menschen, die es abwechslungsreich und bunt lieben. Allen voran stehen dabei die kreativen Chaoten, vor allem die *Igor Ideenreichs* (vgl. On-Treiber #7), die gerne viele verschiedene Arbeitsbereiche haben und die es genießen, schnell von einem Thema ins andere zu springen. Zu lange in einem Thema zu stecken, entspricht einfach nicht ihrem Arbeitsstil. Wichtig ist ihnen dabei allerdings, dass der Impuls zum Switchen von *innen* kommt – und das bedeutet, das externe Störungen auch irgendwann die kreativen Chaoten nerven, weil sie sich fremdbestimmt fühlen. Je mehr Du schnell wechselnde Tätigkeiten und neue Impulse magst, desto leichter dockst Du zudem in der Regel nach einer Unterbrechung auch wieder an und genießt das Gefühl, viele Bälle gleichzeitig in der Luft zu halten.

Vorteil 4: Störungen erlauben »Helfen«

Auch für die Hilfsbereiten unter uns sind Störungen in erster Linie eine feine Sache. Denn die *Hanni Herzlichs* (vgl. On-Treiber #7) fühlen sich dann gebraucht, was ihre Stimmung hebt. Kein Wunder, dass hilfsbereite Menschen deshalb deutlich häufiger aus der Arbeit gerissen werden als Menschen, die sich öfter »nein« zu sagen trauen und die den anderen die Möglichkeit lassen, selbst Dinge herauszufinden. Die *Hanni Herzlichs* helfen supergerne – bis zu dem Punkt, an dem die eigene Arbeit oder die eigenen Bedürfnisse ständig liegen bleiben, zugunsten der Hilfe für andere – dann kommt der Frust mit Kawumm.

Ertappt? Als *Hanni Herzlich* darfst Du lernen, Deine eigenen Bedürfnisse (wieder) besser wahrzunehmen, Dir über Deine Ziele, Wünsche und Träume Klarheit zu verschaffen und diese weit nach vorne auf Deiner To-do-Liste zu rücken.

Vorteil 5: Störungen verkürzen langweilige Tage

Zudem spielt es eine Rolle, wie zufrieden und wie gefordert Du bei einer Tätigkeit bist. Was hast Du im Check angekreuzt bei den Aussagen 3, 5 und 10? Menschen, die geistig unterfordert sind, die zu wenig zu tun haben oder die eine Tätigkeit ausüben, die ihnen keinen Spaß (mehr) macht, für die sind Unterbrechungen die Highlights des Tages. Und ich spreche jetzt nicht mal von einem handfesten Bore-out, sondern von der täglichen Langeweile im täglichen Grau-Grau. Unterforderte, gelangweilte Menschen sind froh um jede Ablenkung und darum, dass wieder mal ein paar Minuten dieses langen, öden Arbeitstages vergehen. Deshalb lassen sie sich auch deutlich mehr stören als diejenigen, die gerade in ihrer Tätigkeit voll aufgehen oder das Ziel ihres Tuns klar vor Augen haben.

Wenn Du Dich in diesen letzten Zeilen wiederfindest, dann lege ich Dir ans Herz, wieder mehr Herausforderung und Freude in Dein Leben zu bringen. Ludwig, Teilnehmer meines Onlinekurses »Geht ja doch!« (ein 12-Wochen-Kurs zum gleichnamigen Buch) hat mit wenigen Übungen und Coaching-Impulsen wiederentdeckt, was ihn glücklich macht. »Seit ich wieder brenne für das, was ich jeden Tag mache, habe ich überhaupt keine Probleme mehr, mich abzuschotten und Störungen zu vermeiden«, schrieb er im Abschluss-Feedback. Wie schön!

Vorteil 6: Störungen mindern Aufschieberitis und Perfektionismus

Unterbrechungen beflügeln uns manchmal sogar und sorgen dafür, dass wir unsere To-dos schneller abarbeiten. Das kann eine super Hilfe sein, wenn Du an Aufschieberitis leidest oder einen hohen Grad an Perfektionismus lebst. Was hast Du bei Aussage 12 im Check angekreuzt?

Wer sich ständig stören lässt, dem läuft die Zeit davon und er schafft sich einen prima Druck, endlich in die Hufe zu kommen und anzufangen. Ohne diesen Druck hätten wir vorher vielleicht noch ausgiebig den Mail-Eingang hübsch aufgeräumt, die Blumen gegossen und den Urlaubsschilderungen der Kollegin gelauscht. Zeitnot zwingt zum Anfangen.

Und Zeitnot aufgrund der vielen, vielen Störungen ist auch eine prima Ausrede für die Perfektionisten, die ja »eigentlich« das viel besser hätten machen können, hätte nicht ständig Kollege Müller, Kunde Meier oder Lieferant Lurchi etwas von uns gewollt. Störungen sei Dank konnten wir jetzt unsere Messlatte getrost ein bisschen tiefer hängen. Perfekt!

Das klappt besonders gut, wenn wir eher »flache« Tätigkeiten erledigen, wie das Beantworten von unkomplizierten E-Mails. Hier holen wir die »verlorene« Zeit rein, indem wir schneller schreiben, kürzere Antworten formulieren oder inhaltlich nicht mehr so höflich sind, wie eine Studie der Uni Berlin zeigt.[16] Und so kann ein gesundes Maß an Störungen tatsächlich eher gesund für uns sein, weil es uns hilft, gestellte Aufgaben in einer angemessen zügigen Zeit zu erledigen.

Aber: Unterbrechungen kosten Zeit, Nerven und Geld

Allerdings fühlten sich die Probanden der oben genannten Studie gestresster als diejenigen, die die Mails ohne externe Störungen beantworten durften. Der Grund: Bei einer Störung müssen wir eine im Moment ausgeführte Aufgabe unterbrechen. Und zwar aufgrund einer *externen* Belästigung, die wir nicht zeitlich steuern können. Ob wir wollen oder nicht, unser Gehirn *muss* sich jetzt sofort des neuen Gedankens annehmen. Das kostet Energie und erzeugt Konzentrationsdruck. Und besonders für Menschen, die einen hohen Grad an Freiheit und Selbstbestimmung leben wollen, steigt alleine schon aufgrund der Fremdbestimmung der Adrenalinspiegel. Wir erwachsenen Menschen wollen nicht »müssen müssen« – aber Störungen zwingen uns dazu.

Gerne verfallen wir dann in den Multitasking-Modus, hören dem Kollegen vielleicht nur mit halbem Ohr zu, während wir die Mail weiterformulieren. Womöglich halten wir uns noch für super effizient, weil wir die Dinge gleichzeitig machen können. Ja, wir können »multi-tasken«, wenn zwei unterschiedliche Areale unseres Gehirns beansprucht werden. Hörst Du Radio und kochst Dir dabei einen Kaffee, dann können Deine involvierten, verschiedenen Gehirnbereiche das gut schaffen. Auch nicht wirklich »gleichzeitig«, sondern mit einem Switch im Millisekunden-Bereich.

In dem Moment jedoch, wo zwei Tätigkeiten die gleichen Gehirnareale beanspruchen, ist es vorbei mit der Topleistung im Oberstübchen. Auch wenn wir uns noch so anstrengen, es fallen

Info-Bits unter den Tisch mit dem Ergebnis, dass wir unkonzentriert sind, später nachfragen müssen oder Fehler machen. Selbst kurze Unterbrechungen von lediglich drei Sekunden verdoppeln unsere Fehlerrate bei anspruchsvollen Aufgaben, Störungen über vier Sekunden verdreifachen sie![17]

Unser Gehirn kann nicht mehrere Aufgaben zeitlich koordinieren, die jede für sich betrachtet eigentlich ganz simpel ist. Das hindert uns freilich nicht daran, es permanent zu tun. Aber versuch doch mal die Anzahl der Buchstaben »a« und »l« in diesem Absatz gleichzeitig auf einen Blick zu erfassen. Oder versuch den folgenden Absatz leise für Dich zu lesen und gleichzeitig das Alphabet laut aufzusagen. Diese Aktivitäten beanspruchen die gleichen neuronalen Netze und sind daher nicht miteinander vereinbar.

Das Gleiche passiert, wenn Du in einem intensiven Gespräch mit einem Kollegen bist, Dein Chef im Vorbeigehen eine komplexe neue Aufgabe rüberschießt und zeitgleich Dein Smartphone eine Nachricht von Deinem kranken Kind zu Hause signalisiert. Resultat: Du weißt am Ende gar nichts mehr, hast eine totale Blockade, Sendepause im Kopf. Manche meditieren für diesen Zustand jahrelang – hier bekommen wir ihn gratis mit der Überfrachtung dazu.

Das kennst Du vielleicht von Deinem (älteren) Rechner: Je mehr Programme offen sind und Du gleichzeitig in allen aktiv bist, desto häufiger dreht sich das kleine Kreissymbol und Du erhältst die Meldung »(keine Rückmeldung)«. Ja, so geht es auch Deinem Gehirn! »Attention Deficit Trait« nannten es die Amerikaner schon kurz nach der Jahrtausendwende, wobei diese Konzentrationsschwäche – im Gegensatz zum bekannten Aufmerksamkeitsdefizit-Syndrom – nicht genetisch bedingt, sondern schlicht Folge von zu viel Info-Input ist. Wer permanent zu viel an Informationen und Ansagen bekommt und wer am liebsten alles sofort erledigen will, der kann sich irgendwann gar nicht mehr konzentrieren. Und der wird ungehalten, unfreundlich und unproduktiv.

Eingangs habe ich Dir von der Zeit berichtet, die es nach einer Störung braucht, um den roten Faden wiederzufinden. Zur Erinnerung: vier bis acht Minuten. Rechne das mal hoch!

Die Wissenschaftlerin Gloria Mark von der Uni California hat sich auf das Thema »Unterbrechung bei der Arbeit« spezialisiert. In einer Beobachtungsstudie in zwei US-Hightech-Unternehmen stellte ihr Team fest, dass durch Unterbrechungen und zeitgleiches Bearbeiten von mehreren Themen schon im Jahr 2005 rund zwei Stunden Arbeitszeit flöten gingen. Das sind 28 Prozent des Arbeitstages. Für die US-Wirtschaft bezifferte sie den finanziellen Verlust hochgerechnet auf 588 Milliarden Dollar. Und das nicht nur, weil durch die Unterbrechungen wertvolle Arbeitszeit verloren gehe, sondern weil Multitasking und ständig »on« Fehler und damit Mehrarbeit provoziere und der steigende Stresspegel bei den Mitarbeitern auch insgesamt das Tempo und die Qualität der Arbeit reduziere.[18]

Engpass Aufmerksamkeit

Das Dumme dabei: Je erschöpfter wir dann sind, desto anfälliger werden wir für Störungen. So zeigte sich in einer Studie, dass sich Berufstätige vormittags weniger häufig stören lassen und die Störungen kürzer andauern als nachmittags, wenn sie langsam müde werden.[19] Ein Teufelskreis, weil Störungen uns zermürben und anfällig machen für noch mehr Störungen. Und da hilft es auch nichts, dass in vielen Unternehmen striktes Effizienzdenken herrscht, das »Kurz und schnell mal«-Feuerwehreinsätze sowie den Multitasking-Wahn noch befeuert. Denn leider haben wir mit diesem Treiben etwas Wertvolles aus dem Blick verloren: unsere Aufmerksamkeit.

Konzentration, Fokus, völliges Aufgehen in einer Tätigkeit – das ist heute der Engpass in unserem Alltag. Und auch das hat fatale Folgen: Wer nur mehr wie ein aufgescheuchtes Huhn von einem Thema ins andere switcht, von einer Anfrage in die nächste, der wird nicht mehr wirklich gute Arbeit leisten können. Tief im Inneren wissen wir es schon lange: Es ist nicht die Dauer an Stunden oder Minuten am Arbeitsplatz, die uns zum Erfolg führt. Es ist der Grad an Aufmerksamkeit, den wir einem Thema oder einem Projekt widmen, der über hopp oder top entscheidet. Es ist nicht der Mitarbeiter der beste, der am meisten Überstunden schrubbt, es ist derjenige, der sich auf die wirklich wichtigen Aufgaben und Ziele fokussiert.

Ruhe und Fokus schaffen echte Innovation.

Ruhe und Fokus schaffen zufriedene Kunden.

Und zufriedene Mitarbeiter.

Zum Stören gehören immer zwei

Halten wir fest: Störungen zu vermeiden und sich zeitweise für konzentriertes »Monotasken« abzuschotten, ist eines der wertvollsten Geschenke in unserem hektischen Alltag, das wir uns machen können. Fokus und Konzentration sparen uns bares Geld, reduzieren Stress, Fehler und schlechte Laune.

Mach Dir bewusst, dass zum Stören immer zwei gehören: derjenige, der stört, und der, der sich stören lässt. Wir werden uns deshalb immer stören lassen,

- wenn wir im Kern unseres Wesens dankbar sind für ein wenig Abwechslung,
- wenn Störungen die Leere in unserem Leben füllen und übertünchen, dass wir nicht wirklich gefordert sind,
- wenn wir glauben, mit unserer ständigen Erreichbarkeit Bonuspunkte beim Chef zu sammeln, die sich positiv auf unsere Karriere auswirken,
- wenn wir unsere Wichtigkeit am Grad der Erreichbarkeit festmachen (Das erlebe ich häufig bei Führungskräften und Unternehmern, die auch im Urlaub jederzeit mit dem »Office« in Kontakt bleiben »müssen« – für Notfälle. In seinem Job sei »Connectedness« Pflicht, erklärte mir jüngst ein Miturlauber auf einer bayerischen Berghütte, als er verzweifelt ein Funksignal suchte. Nein, er führte kein 24-Stunden-Notfall-Stand-by-Unternehmen, sondern war Geschäftsführer eines kleinen Buchverlags.),
- wenn Du Dich schlecht fühlst, wenn Du Dich nicht um die anderen Menschen kümmerst und mal Grenzen setzt. Leider werden die anderen diese Unsicherheit spüren – und ständig Dich brauchen.

Frag Dich bitte: Was ist Dein Gewinn, wenn Du Dich unterbrechen lässt, wenn Du ständig greifbar bist? Du bekommst Lob? Du giltst als belastbar und engagiert? Du giltst als Teamplayer? Du bist froh um die Abwechslung? Es beschäftigt Dich und lenkt Dich ab? Was ist es bei Dir? Denk bitte darüber nach – und lies dazu auch die Tipps im Kapitel »On-Treiber #6« – Antreiber.

Solange Dein Gewinn, den Du aus Unterbrechungen und schnellem Switch zwischen den Aufgaben ziehst, höher ist als der Gewinn von störungsfreiem Arbeiten, dann wirst Du weiter im »Sprich mich ruhig an«-Modus bleiben. In diesem Fall hör auf, Dich um störungsfreie Zeiten zu bemühen – genieß es, wie es ist, auch wenn das als unproduktiv gilt.

Schalt Deine Erreichbarkeit und das damit verbundene Multitasking nur aus, wenn Du Dir wirklich etwas richtig Gutes für Dich davon versprichst. Für Deine Produktivität, Deine Gelassenheit, Deinen Flow.

Interne Störungen – eine Frage der Selbstkontrolle?

Wirf dabei auch einen Blick auf die Stör-Impulse, die aus Dir selbst heraus kommen. Wie oft reißt Du Dich selbst aus der aktuellen Aktivität? Wie oft wirkst Du in eine Aufgabe versunken, bearbeitest sie offenbar konzentriert, um dann ganz plötzlich und ohne ersichtlichen Grund zum Telefon zu greifen oder aus Deinem Word-Dokument in den Maileingang zu springen?

Kommt der Impuls zum Wechseln aus uns selbst, dann empfinden wir den Switch in der Regel als nicht so stressig. Wir wollen es ja im Moment nicht anders. Allerdings macht uns auch die intern motivierte Unterbrechung rasend, wenn wir mit dieser Arbeitsweise am Ende des Tages nämlich hundert offene Aufgaben und nichts wirklich zu Ende gebracht haben.

Unterbrechungsforscherin Gloria Mark ist überzeugt, dass wir Menschen im Kern monochron agieren wollen – also uns um *ein* Thema kümmern wollen –, aber ständig den polychronen

Anforderungen unserer Umwelt folgen. »Das ist gegen unsere Natur«, sagte die Forscherin in einem Vortrag bei Google.[20]

Ja, wir haben uns mittlerweile dem Dauerfeuer der externen Störungen mehr als angepasst. Denn selbst wenn von außen mal niemand etwas von uns will, dann fahren wir die internen Störungen noch ein Stückchen höher. Forscherin Mark fand mit ihrem Team in einer Beobachtungsstudie von Büro-Arbeitern heraus, dass diese alle 40 Sekunden (!) von einer Anwendung am PC zur nächsten wechseln. Von Word zu Excel zu Outlook zu Excel zu Word und so weiter. Da die Angestellten im Schnitt zwölf Arbeitsbereiche hatten, wechselten sie zudem alle 10,5 Minuten auch komplett das Thema.

Das heißt, selbst wenn von außen keiner etwas will von uns, dann reißen uns eben innere Impulse aus dem Tun. Das gipfelt nicht nur darin, dass wir alle 18 Minuten einen Blick auf Nachrichten in den Sozialen Medien werfen,[21] sondern auch, dass wir uns andere Unterbrechungen wie Kaffeetrinken, Blumengießen oder einen Kollegen-Plausch suchen. »Wir sind konditioniert für Unterbrechungen«, so Mark. Dass pauschal verordnete störungsfreie Zeiten deshalb helfen, konzentrierter und produktiver zu sein, das scheint nicht für alle Menschen zuzutreffen.

Was hast Du im Check bei Aussage 2 angekreuzt? Hast Du eine gute Selbstkontrolle? Bleibst Du diszipliniert bei einmal angefangenen Aufgaben? Oder folgst Du schnell Deinen inneren Impulsen? Wenn Du nicht gerade an ADHS leidest – wie weit hat das »Attention Deficit Trait« Dich bereits im Griff? Wenn Deine Aufmerksamkeitsspanne ebenfalls, wie bei anderen Menschen, nach 40 Sekunden oder nach ein paar Minuten abflacht, dann trainiere Deine Fokus-Fähigkeit mit Tipps aus On-Treiber-Kapitel #7. Du bist ein Meister der Selbstkontrolle? Und nicht anfällig für Ablenkungen, wenn man Dich denn mal in Ruhe ließe? Prima, weiter so! Pass allerdings auf, dass Du vor lauter Fokussiertsein nicht die körperlichen Anzeichen für Pausemachen, Trinken oder Essen übersiehst.

Das kannst Du tun

Du willst Dich wirklich weniger stören lassen? Fein. Schauen wir uns an, was Du dafür tun kannst. Wichtig dabei: Es geht hier nicht darum, dass wir *gar nicht mehr* gestört werden. Komplettes Abschotten wäre das komplette Gegenteil von »ständig erreichbar«. Das ist zum einen unrealistisch. Und zum anderen wäre es auch Unsinn, gar nicht mehr ansprechbar zu sein.

Es geht darum, dass Du über die Tage hinweg eine gesunde Balance zwischen »ansprechbar« und »konzentriert« schaffst. Eine Balance, die Dich maximal gut unterstützt, in Deiner Art produktiv und gelassen zu arbeiten.

Halt Dir auch vor Augen, dass es nicht »egoistisch« ist von Dir, auch mal nicht ansprechbar zu sein. Im Gegenteil. Wenn Du Phasen hattest, in denen Du Dich 100 %ig um eine Sache kümmern konntest, dann hast Du auch danach die Zeit und die innere Ruhe, Dich 100 %ig auf den anderen Menschen zu konzentrieren. *Das* ist echte Wertschätzung!

Autonomer Zeit-Gestalter

Wenn Du alleine arbeitest oder sehr autonom Deine Tage gestalten kannst, dann leg fest, wann Du jeweils störungsfrei arbeiten willst.

- Trag diese Zeit-Inseln als »Termin mit Dir selbst« in Deinen Kalender ein. Hier schreibst Du nicht auf, was Du dann tun willst, sondern Du blockst diese Zeiten für konzentriertes Arbeiten. Du kannst es als »Deep Work« bezeichnen oder als »Wichtige Projektarbeit – nicht stören« oder als »Fokus-Zeit«, und wenn Du Outlook & Co. nutzt, kannst Du Dir dies auch automatisch in einer schönen Signalfarbe markieren lassen.

- Solche Zeit-Inseln im Kalender erhöhen Deine innere Verpflichtung, Dir diese Zeiten wirklich zu gönnen. Sind Eure elektronischen Kalender im Team vernetzt, helfen sie Dir auch, dass Dir andere Menschen dort nicht ungefragt Termine reindrücken können.

- Leg Deine »Deep Work«-Inseln auf einen guten Zeitpunkt, beispielsweise nach Deinem Biorhythmus auf Dein persönliches Leistungshoch morgens, nachmittags oder abends. Oder auf Zeiten, wo die Störwahrscheinlichkeit eh eher gering ist, weil die anderen in Meetings sind.

- Passe die Länge der Zeit-Insel an Deine anstehenden Aufgaben an. Bei manchen Aufgaben bieten sich längere Zeit-Inseln an (Buch schreiben, Konzept erstellen, Präsentation erarbeiten, Strategien entwerfen), andere brauchen lediglich eine kurze intensive Phase.

- Achte dabei auch auf Deine innere Störanfälligkeit oder Aufschieberitis. Wenn Du Dich gerne selbst störst oder weißt, dass Du gerne aufschiebst, dann können Dich relativ kurze Zeit-Inseln besser ins Tun bringen und Dich konzentrierter halten, als wenn der ganze liebe Tag vor Dir liegt.

- Natürlich kannst Du die Idee der störungsfreien Zeit auch umdrehen und sogenannte Sprechzeiten einrichten. Eine Coachingklientin von mir hat das mit großem Erfolg gemacht: von 8.00 bis 8.30 Uhr, von 11.00 bis 11.30 Uhr, von 15.00 bis 16.00 Uhr ist sie jetzt ansprechbar. »Es klappt fantastisch. Kamen meine Leute früher permanent wegen jeder Kleinigkeit, so bündeln sie jetzt die Anfragen – und lösen sehr viel mehr Probleme völlig selbstständig. Die Sprechzeiten tun also nicht nur mir gut, sondern auch den anderen.«

- Stell zu Beginn Deiner Deep-Work-Zeit alle Störquellen aus. Leite (nach Rücksprache) Dein Telefon auf jemand anderen um oder lass Anrufer auf die Mailbox laufen. Schalte sämtliche akustischen und visuellen Benachrichtigungen zu eingehenden Nachrichten auf allen Geräten aus.

- Pack Dein Handy komplett weg – außer Sichtweite.

- Stell private Telefone leise. Eine meiner Coaching-Klientinnen arbeitet von der eigenen Wohnung aus und hat sich zwei Telefonnummern zugelegt. Privat- und Geschäftstelefon sind getrennt. Während ihrer Arbeitszeit geht sie nicht ans Privattelefon, nach Feierabend und am Wochenende nicht ans Geschäftstelefon.

- Mach Deine Tür zu oder setz eine »Mickey Mouse«, einen Noise-Cancelling-Kopfhörer, auf. Informier Dein Umfeld, dass »Tür zu« oder »Kopfhörer auf« sofort generell bedeutet, Dich dann bitte nicht mehr zu stören. Tür zu. Ja, ich weiß, in manchen Firmen gilt die Offene-Tür-Politik immer noch als Zeichen für besonders guten Führungsstil. Thorsten,

Geschäftsführer eines Großmarktes, hat das jetzt abgeschafft und schließt seine Tür bewusst mehrere Stunden pro Tag. »Seither kommen die Mitarbeiter wirklich nur noch mit sinnvollen Anfragen und nicht mehr mit jeder Lappalie. Ein schöner Nebeneffekt ist, dass ich jetzt mehr Ruhe zum Arbeiten habe und dass auch die Mitarbeiter sich nicht mehr so leicht stören lassen und sogar mehr Eigeninitiative entwickelt haben.«

- Teil den anderen mit (z. B. Schild an der Tür), ab wann Du wieder erreichbar bist. Das hilft ihnen bei der Zeitplanung und vermeidet für Dich auch so manche aufschiebbare Störung, die ruhig noch fünf Minuten warten kann.
- Rechne damit, dass andere Menschen Dich trotzdem stören wollen. Gerade wenn Du bislang *immer* ansprechbar warst, werden viele Menschen gnadenlos versuchen, Deine für sie doch so praktische Erreichbarkeit wiederherzustellen. Stärk Dir selbst den Rücken, renitente Störer, die Deine geschlossene Tür missachten, wiederholt abblitzen zu lassen. Die gute Botschaft: Wir können auch erwachsene Menschen erziehen.
- Zieh Dich idealerweise komplett aus der Greifbarkeit – mach Dich unsichtbar. Nimm Dir einen Tag oder ein paar Stunden Homeoffice-Zeit. Oder nutz leerstehende Büros oder ungenutzte Konferenzräume für Deine Fokus-Zeit.
- Leg los, und genieß es.

Abhängiger Zeit-Gestalter

Du denkst gerade: »Schön wäre es, wenn ich das alles so leicht machen könnte, wie oben beschrieben! Aber das geht bei uns niemals so durch!« Kein Problem! Viele meiner Coachingklienten und Seminarteilnehmer sind in Teamstrukturen eingebunden und können nicht so eben mal störungsfreie Zeiten einrichten.

Meist geht es deshalb zunächst mal darum, alle Teammitglieder (und die Vorgesetzten) mit ins Boot zu holen. Auf Teamebene ist das meist eine leichte Übung, denn Du wirst mit der Idee von störungsfreien Zeiten offene Türen einlaufen. Die Klage: »Ich kann nie störungsfrei arbeiten« zieht sich nämlich durch alle Branchen, durch alle Hierarchien, denn – wie eingangs beschrieben – Unterbrechungen sind eine echte Seuche geworden.

Auf Teamebene ist es deshalb genial, störungsfreie Zeiten gemeinsam einzuführen.

- Besprecht, wie sinnvoll Fokus-Zeiten bei Euch wären, und einigt Euch auf eine »Experimentier-Phase« von einem Monat.
- Vereinbart dazu, wer sich wann und für wie lange aus dem Tohuwabohu ausklinken darf. Beginnt mit wenigen und kurzen Deep-Work-Phasen pro Person und pro Woche. Beispielsweise eine Stunde pro Person pro Woche. Läuft das gut, dann baut es aus. Beispiel: Eine Abteilung, die ich gecoacht habe, hat einen gemeinsamen Plan erstellt, wann welcher Mitarbeiter sich seine Zeit-Insel für konzentriertes Tun nehmen kann – und wer in dieser Zeit Ansprechpartner für Fragen ist.

- Vereinbart, wer jeweils wen vertritt in der Nicht-Erreichbarkeit. Idealerweise ist das jemand, der Anfragen auch gleich gut bearbeiten kann. Das verhindert, dass Du nach einer LMAA-Phase den Rest des Tages damit beschäftigt bist, den Anrufern hinterherzulaufen.
- Überlegt Euch, ob »Offizielle Bürozeiten« für Euch eine Lösung sind. Ein Berliner Büro hat auf seinem Anrufbeantworter die Ansage, dass das Büro ab neun Uhr besetzt ist und dann zurückgerufen wird. Die Mitarbeiter kommen aber alle bereits um 8 Uhr und haben somit eine ruhige Stunde für produktives Tun zum Tagesauftakt.
- Vereinbart in den Geschäftsräumen gut sichtbare optische Signale für Deep Work. In manchen Unternehmen sind das Kopfhörer, Schilder mit »Psssst« oder »Bitte nicht stören«, Ampeln oder Leuchtdioden oben auf dem Bildschirm. Besprecht, welches Signal Ihr während der Phase der Nicht-Ansprechbarkeit verwenden wollt.
- Reduziert Lärm auch prinzipiell so gut wie möglich. Vereinbart, dass ab sofort nicht mehr laut durch den Raum gerufen werden darf (eigentlich eine Selbstverständlichkeit in einem wertschätzenden Miteinander, aber oft nicht praktiziert). Wenn Ihr ein »Durchgangsbüro« habt, dann sprecht es bitte mit den meist durchlaufenden Kollegen ab, dass die bitte Rücksicht nehmen. Ein zusätzliches »Bitte Ruhe«-Schild ergänzt diese Bitte, ersetzt aber erfahrungsgemäß nicht das Gespräch.
- Vielleicht ist es bei Euch möglich, sich physisch aus der Ansprechbarkeit zu bringen? Weil Ihr leerstehende Büros oder Konferenzräume nutzen könnt? Viele Unternehmen haben mittlerweile kleine, schallisolierte »Denkzellen«

geschaffen, mit Tisch, Stuhl und Anschlussmöglichkeiten für den Laptop. In einem Münchner Unternehmen ist bei schönem Wetter für konzentriertes Arbeiten ausdrücklich die Dachterrasse freigegeben. Nutz die alte Erfolgsregel: »Aus den Augen – aus dem Sinn«. Wer Dich nicht sieht, stört Dich nicht.

- Geht anschließend wie oben beim »Autonomen Zeit-Gestalter« beschrieben vor.
- Stärkt Euch gegenseitig den Rücken, diese Deep-Work-Phasen zu halten. Auch wenn einige Kollegen (oder Vorgesetzte) versuchen, das neue System zu unterwandern – bleibt dabei.

Überzeugungsarbeit nötig?

Du glaubst, Dein Team oder vor allem Deine Vorgesetzten werden da nicht mitziehen? Sehr häufig erlebe ich, dass Vorgesetzte umdenken, sobald sie erkennen, welchen Produktivitätsverlust Unterbrechungen und damit verbundenes Multitasking haben. Viele denken um, wenn sie Beispiele erhalten, wie andere Unternehmen (Mitbewerber!) ihren Erfolg multiplizieren konnten, nur weil die Mitarbeiter endlich mal konzentriert arbeiten können. Dazu gleich mehr.

Argument 1: Stand-by-Folgen zeigen – Fakten statt Bauchgefühl
Lass die von Gloria Mark ermittelten Zahlen sprechen und untermauer das mit eigenen, echten Zahlen. Übertrag die von Mark ermittelten 28 Prozent Produktivitätsverlust auf Dein Gehalt. Wie viele Euro gehen monatlich flöten, weil Du auf alles anspringst? Oder noch besser: Erfass in Form eines »Adlerfluges«,

eines Zeitprotokolls, was Du den ganzen lieben Tag über tust, was Dich unterbricht und was Du tatsächlich an wertschöpfender Leistung vollbringen kannst. Ein genauer Blick auf die Faktenlage hat schon so machen Störungs-Fetischisten bekehrt. Und auch für uns selbst ist ein Zeitprotokoll eine super Möglichkeit, ein vages Bauchgefühl von »So schlimm ist es bestimmt nicht« in ein handfestes »Jetzt will ich etwas ändern« umzumünzen.

Verschaff Dir einen guten Überblick, indem Du ein paar Tage lang einen »Adlerflug« machst und eine Art Unterbrechungsprotokoll erstellst.

1. Eine Vorlage für händische Notizen und Details dazu findest Du in Deinem Gratis-Workbook unter www. www.gehtjadoch.com/abschalten.
2. Du magst es lieber digital? Dann nutz eine Zeiterfassungs-Hilfe wie ZEI° von Timeular[22] oder den Buzzer von Timebuzzer[23]. Hier steht Dir ein kleiner achtseitiger Würfel bzw. ein Buzzer-Button auf dem Schreibtisch zur Verfügung, den viele Kreative und Freelancer nutzen, um ihr Zeitinvest in Kundenprojekte zu erfassen. Leg Dir lediglich grobe Kategorien an, wie »Kernaufgaben«, »Orga-Kram« und eben »Störungen«.
3. Dir geht es nur um die Zeiten, die Deine Störungen fressen? Dann leg Dein Smartphone (ausnahmsweise) neben Dich und aktivier die Stoppuhr. Sobald eine Störung kommt, startest Du die Uhr, sobald Du zur eigentlichen Aufgabe zurückkehrst, stoppst Du sie. Kommt die nächste Unterbrechung, drückst Du auf »Fortsetzen«, und bis zum Arbeitsende hast Du eine hübsche Summe aufaddiert.

Egal für welche Art Du Dich entscheidest, um Deine Störungen sichtbar zu machen – es lohnt sich. Fakten schaffen Klarheit und stärken Dir den Rücken, das Ruder herumzureißen. Denn so siehst Du schwarz auf weiß, wie häufig und wie lange Du aus Deiner eigentlichen Tätigkeit gerissen wirst, und das kann Dir eine Menge Motivation geben, hier endlich mal was zu ändern.

Zeig Deine Zahlen Deinen Vorgesetzten oder Deinen Kollegen. Und lass sie dann entscheiden, was ihnen wichtiger ist: ständige Erreichbarkeit oder produktives Tun. Und wenn ihr Veto zugunsten der Erreichbarkeit fällt (Aussage 6 im Check), dann kannst aufhören, Dich über Unterbrechungen zu ärgern. Denn dann wirst Du genau dafür bezahlt – fürs Erreichbarsein.

Argument 2: Abschotten geht nicht? Geht ja doch!

Ein zweites Argument, von dem sich viele Führungskräfte und Kollegen überzeugen lassen, sind echte Beispiele von echten Menschen in echten Unternehmen, die Deep Work mit Erfolg umgesetzt haben. Hier meine derzeitigen Lieblingsbeispiele. Du musst sie nicht komplett gut finden (das tue ich auch nicht), aber sie sind eine wahrhaftige Quelle der Inspiration, was tatsächlich geht in puncto Deep Work. In beiden Beispielen heißt Fokus-Zeit auch »Handy aus!«, auf das wir im nächsten Kapitel noch genauer eingehen. Lass Dich inspirieren und nutz solche Beispiele, um auch bei Dir im Team den Schalter von »ständig on« umzulegen. Überlegt, welcher Aspekt aus solchen und ähnlichen Beispielen bei Euch sinnvoll ist und wie Ihr in kleinen Schritten die Kernidee daraus für Euch adaptieren könnt.

Rheingans Digital Enabler

Im Oktober 2017 führte Lasse Rheingans in seiner Agentur offiziell die 25-Stunden-Woche ein. Bei gleichem Gehalt und gleichem Urlaubsanspruch arbeiten die 15 Mitarbeiter seitdem fünf statt acht Stunden täglich. Und diese fünf Stunden zwischen 8 bis 13 Uhr sind sie voll konzentriert. Smartphones bleiben aus – nicht per Dekret des Chefs, sondern weil die Mitarbeiter sensibilisiert sind, wie stark sie davon immer wieder abgelenkt werden. Im Großraumbüro in Bielefeld herrscht rücksichtsvolle Ruhe. Meetings werden straff gehalten, und Zeit für den persönlichen Austausch gibt es beim gemeinsamen Mittagsessen. Fazit: Die Zufriedenheit der Mitarbeiter ist enorm angestiegen, und was als zeitlich begrenztes Experiment startete, läuft vorerst unbefristet weiter.[24]

Biohacking-Start-up »Primal State«

Das Berliner Start-up Primal State bietet Nahrungsergänzungsmittel an und will mit »Biohacking« den Körper selbstoptimieren. Ein Tag in dem jungen Unternehmen ist strikt durchgetaktet. Um 9.30 Uhr notiert jeder Mitarbeiter sein Nummer-eins-Ziel des Tages und drei wichtige Aufgaben. Es folgen eine Kommunikationsrunde und um 9.55 Uhr eine Clear-Mind-Meditation. Nach einer Visualisierung um 9.58 Uhr startet um 10 Uhr die erste Deep-Work-Phase. Für zwei Stunden ist jegliche Kommunikation unterbunden, Handys sind im Flugmodus, Noise-Cancelling-Kopfhörer und Focus Music tun ihr Übriges. Ein Gong beendet um 12 Uhr die Phase, es folgt ein Mikro-Workout mit 15 Liegestützen und 25 Kniebeugen. Anschließend haben alle die Möglichkeit, nach innen und außen zu kommunizieren. Um 14 Uhr treffen sich alle zu einer 60-sekündigen Dankbarkeits-Meditation und zur gemeinsamen Mittagspause mit frisch zubereitetem Essen. Ab 15 Uhr läuft die zweite Deep-Work-Phase, die 17 Uhr mit einem zweiten Mikro-Workout endet, bevor alle in den Feierabend gehen.[25]

Auch in der Freizeit erreichbar?

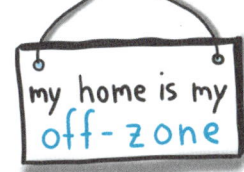

Und wie ist das mit unserem Privatleben? Wie schnell sollen wir da springen, wenn jemand etwas von uns will, obwohl wir eigentlich gerade etwas völlig anderes machen wollen?

Der große Vorteil ist, dass wir in unserem Privatleben keinen »Chef« haben, der uns ständige Erreichbarkeit befiehlt. Aber hier kämpfen wir häufig sogar noch gegen etwas Schlimmeres: nämlich gegen überzogene Erwartungen anderer, emotionale Erpressung und unser schlechtes Gewissen, weil wir nicht ans Telefon gehen, obwohl wir wissen, unsere Freundin will uns gerade mal wieder das Herz über ihren Liebeskummer ausschütten oder die Schwiegermutter lädt zum Sonntagskaffee.

Nimm das Thema »Abschalten« hier mal ganz sachlich. Natürlich dürfen wir auch in unserer Freizeit »nicht erreichbar« sein, denn wie willst Du Dich wirklich mal erholen, wenn Du immer in Rufbereitschaft und Kommunikationshaltung bist? Nein, gönn Dir bewusst komplette Off-Phasen, in denen Du getrost mal alles auslässt. Lies dazu bitte die Impulse in On-Treiber-Kapitel #6, finde Deine inneren On-Treiber und nimm ihnen das Zepter aus der Hand.

Erreichbar für den Job?

Und wie ist das mit Job-Fragen nach Feierabend? Was hast Du im Check auf die Aussagen 7 oder 11 geantwortet? Mit dem Siegeszug von Internet & Smartphones haben sich die Grenzen zwischen Job und Freizeit aufgeweicht. Und so gaben 24 Prozent aller Beschäftigten im jüngsten »Bericht der Bundesregierung« an, dass von ihnen *erwartet* werde, auch im Privatleben für Berufliches erreichbar zu sein. 12 Prozent wurden tatsächlich kontaktiert.[26]

Interessanterweise wissen allerdings viele Berufstätige gar nicht, was von ihnen erwartet wird, sondern glauben nur, es zu wissen. Die Uni Freiburg fand heraus, dass 38 Prozent ihrer Studienteilnehmer keine Ahnung hatten, ob ihr Vorgesetzter auf Mails, Anrufe oder Kurznachrichten außerhalb der Arbeitszeit eine Antwort verlange. Resultat: Sie haben niemals wirklich abgeschaltet (weder technisch noch mental)[27].

Die Auswirkungen der inneren Alarmbereitschaft sind nicht zu übersehen: Erwerbstätige, die erreichbar sein *müssen*, sind deutlich häufiger krank. Sie klagen über Rücken- und Kreuzschmerzen, Schlafstörungen, Müdigkeit und geistige Erschöpfung, Niedergeschlagenheit sowie körperliche Erschöpfung. Zudem schätzen sie sich als weniger glücklich ein als diejenigen, die freiwillig erreichbar sind oder die gleich komplett in Ruhe gelassen werden.

Ständige Erreichbarkeit macht krank und unzufrieden, weil wir auf diese Weise einfach mental nicht abschalten können. 71 Prozent der ständig Erreichbaren berichten, dass sie den Kopf nicht frei bekommen. Zum Vergleich: Von den manchmal bis nie kontaktierten Beschäftigten klagten lediglich 47 Prozent über ein anhaltendes Kopfkarussell.[28] Auch das ist immer noch eine hohe Zahl an Menschen, die nicht abschalten können – Grund genug, dass wir uns Gedanken darüber machen, wie wir unnötige Gedanken ausknipsen können.

Zum anderen warnen Forscher auch bei einer freiwilligen Erreichbarkeit vor der sogenannten »interessierten Selbstgefährdung«. Betroffene haben dabei in erster Linie ihren beruflichen Erfolg im Blick, ignorieren oder übersehen aber, dass ihr Verhalten ihre Gesundheit gefährdet.[29]

Prüfe selbstkritisch, wie erreichbar Du tatsächlich sein musst. Sprecht im Team dieses Thema an und definiert ganz klare Regeln, wer wann wie erreichbar sein muss. Und zu allen anderen Zeiten: Schotten dicht!

Appell an Unternehmen & Führungskräfte

Fokussieren wird zur Königsdisziplin in unserem Alltag werden. Nur wer er schafft, physisch nicht erreichbar zu sein (und digital abzuschalten), der wird produktiv und leistungsfähig bleiben. Denn wie willst Du wirklich etwas in Deinem Leben oder in Deinem Unternehmen bewegen, wenn Du gerade mal zwei Minuten (!) am Stück arbeiten kannst? Technisch abschalten zu dürfen und phasenweise nicht erreichbar zu sein, ist dabei der Schlüssel, der uns gesund und leistungsfähig hält – und der sich für Unternehmen sogar finanziell auszahlt.

Deep Work in den Alltag einbauen zu dürfen heißt für die Verantwortlichen in den Unternehmen, für Selbstständige und für Führungskräfte, dass sie den Rahmen stecken müssen, in dem ihre Mitarbeiter auch mal nicht erreichbar sein dürfen. Viele Unternehmen haben den Wert von Deep Work statt Multitasking erkannt und haben mit massiven Maßnahmen neue Strukturen in den Büros geschaffen.

Von der Closed-Door-Policy (als Antwort auf die Tür-immer-offen-Haltung der 90er-Jahre) bis zum Rückbau von Großraumbüros zu Zweierzimmern, der Schaffung von Ruhezonen oder »Denk-Zellen« oder teamweiten »Zeit-Inseln für konzentriertes Arbeiten« rund um den Globus ist etwas in Bewegung geraten.

Lasst Euch von diesen Beispielen inspirieren. Macht Fokus-Zeiten zur Chefsache, nehmt das Thema »Umgang mit Störungen« in das nächste Teammeeting auf und überlegt gemeinsam, mit welchen Lösungen Ihr und Eure Kollegen endlich mal abschalten könnt. Fangt an, Verbesserungen »von oben« auf den Weg zu bringen, und Ihr werdet eine reiche Ernte einfahren in Form von mehr Produktivität, Motivation und zufriedenen Mitarbeitern.

 **Fazit:** *Wer ständig erreichbar ist, erreicht nichts. Ständige Alarmbereitschaft macht müde und krank. Fokussiertes Arbeiten – »Deep Work« – macht uns leistungsfähig, produktiv und – yeeeeeaaaah – zufrieden. Störungsfreie Zeiten sind deshalb DER Weg raus aus dem Stress und rein ins Glück.*

On-Treiber #2: Sklaventreiber »digitale Gadgets«

Jederzeit »on« sein zu können, ist ein Phänomen, das unsere Urgroßeltern als lächerlich abgetan hätten. Wer ihnen was sagen wollte, musste vorbeikommen oder einen Brief schreiben. Mit Erfindung des Telefons begann das Zeitalter der *synchronen Fern-Kommunikation* – die erforderte, dass beide Gesprächspartner *gleichzeitig ansprechbar* waren. Waren Oma und Opa im Gespräch, hörten die anderen ein »Besetzt«.

In den 1990er-Jahren eroberten Computer und E-Mails die Welt. Plötzlich flitzten Anfragen in Sekundenschnelle um den Globus, und die Ungeduld der Absender auf Antwort stieg. Ergo stieg der Druck auf den Empfänger, bitte »asap« (»as soon as possible« – also bitte sofort!) zu reagieren. Die innere Alarm-Bereitschaft wuchs. Und dann wurde es mobil. Mit Pagern, die wir am Gürtel trugen, und schließlich mit dem Siegeszug der Handys waren viele Menschen fasziniert von den neuen Möglichkeiten und fanden es »cool«, ständig ansprechbar zu sein. Leider legten sie damit den Grundstein, wie stark wir jetzt im Stand-by-Modus sind.

Heute kommunizieren wir *asynchron, w*ir müssen nicht mehr gleichzeitig »on« sein, um uns auszutauschen. Mit dem Ergebnis, dass minütlich Mails, Instant Messages, Voicemail-Nachrichten, Chats über uns hereinbrechen. Ständig kannst Du irgendwo etwas beantworten, und der Zufluss reißt nicht ab. Das Handy als Tor zur Welt zertrümmert den Tag in tausend Fragmente. Wie ist das bei Dir?

Der Check: Digitale Erreichbarkeit

		Trifft eher zu	Trifft eher nicht zu
1	Mein PC/Laptop/Mac zeigt an, wenn eine neue Nachricht eingeht (Pling, Kuvert, Vorschaufenster).	◯	◯
2	Ich habe quasi mein ganzes Leben jetzt in den Apps – Bank, Wetter, Sport, News, tracke meine Fitness, überwache mein Gewicht etc.	◯	◯
3	Ich bekomme *kein* Signal bei eingehenden Nachrichten, aber ich prüfe mehrmals die Stunde meine Geräte, damit ich ja nichts übersehe.	◯	◯
4	Wenn eines meiner Gadgets vibriert, dann folge ich so schnell wie möglich dem Impuls zu schauen, was los ist, und reagiere auch so schnell wie möglich.	◯	◯
5	Ich bin täglich in mehreren sozialen Netzwerken aktiv und poste bzw. reagiere quasi rund um die Uhr.	◯	◯
6	Wenn meine Geräte signalisieren, dass etwas Neues reingekommen ist, schaue ich nach – selbst wenn ich gerade in einem Gespräch bin, in einem Meeting oder an einer wichtigen Aufgabe.	◯	◯

	Trifft eher zu	Trifft eher nicht zu
7 Ich fühle mich unwohl, wenn ich mit meinen Geräten (Smartphone, Tablet, …) keinen Empfang bzw. kein WLAN habe.	○	○
8 Ich finde es super, dass ich jederzeit und überall per Mail, WhatsApp oder über andere Kanäle Anfragen beantworten oder initiativ etwas losschicken kann.	○	○
9 Jetzt, wo ich darüber nachdenke, glaube ich, dass ich meine digitalen Geräte mehr und öfter benutze, als ich eigentlich will.	○	○
10 Ich habe eine Smartwatch, die mich jeder-zeit über eingehende Nachrichten oder App-Aktivitäten informiert.	○	○
11 In Meetings haben alle mehr oder weniger offen ihre Laptops oder Smartphones an und bearbeiten Mails oder Chatnachrichten.	○	○
12 Meine Kollegen, Kunden, Freunde und Familienmitglieder wissen, dass sie mich zuverlässig immer irgendwie erreichen können. Dass ich mal nicht »on« bin, ist eher die Ausnahme.	○	○

Ständig »on« – Lebensqualität oder Zeitfresser?

Steve Jobs hatte eine Vision: Apple-Produkte sollten helfen, die Lebensqualität der Menschen zu verbessern, und die Menschheit voranbringen.[30] Ja, mit Sicherheit hat kaum ein Unternehmen in den letzten Jahrzehnten unser Leben so nachhaltig verändert wie Apple. Nicht nur, dass Playlists die selbstgemixten Kassetten abgelöst haben und GooglePay das Kleingeld, nein, unser Smartphone ist Dreh- und Angelpunkt für unser komplettes Leben geworden. Digitalisierung und »Internet to go« erleichtern sämtliche Lebensbereiche – zum Leidwesen vieler Senioren, die mit dem technischen Fortschritt nicht mithielten und jetzt beispielsweise eine Menge Bankgebühren zahlen müssen, wenn sie Überweisungen auf Papier in die Filiale bringen – sofern ihre Bank überhaupt noch Filialen hat.

Was für ein Gewinn an Zeit und Lebensqualität ermöglichen uns digitale Werkzeuge! Doch leider haben wir nicht wirklich gelernt, mit dieser neuen, wunderbaren Welt der Technik umzugehen. Unbedarft gerieten wir in den Sog der neuen Möglichkeiten – und viele erwachsene Menschen leiden heute unter »Hyperkonnektivität«. Also unter dem überzogenen Drang, »angeschlossen« zu sein.

Der Mensch ist ein soziales Wesen. Zu einer Gemeinschaft zu gehören ist eines unserer Grundbedürfnisse und war früher auch wichtig, um in der Wildnis überleben zu können. Alleine in der Höhle oder auf der Jagd hätten unsere Vorfahren es nicht lange gemacht. Zusammenhalt war elementar, und am Lagerfeuer erfuhren alle im Stamm alles Wichtige. Heute haben wir allerdings zu viele Lagerfeuer gleichzeitig, um die wir uns scharen. Zu viele digitale Lagerplätze buhlen um unsere Aufmerksamkeit und rauben uns – wenn wir nicht aufpassen – wertvolle Lebenszeit und Energie.

Was hast Du im Check mit »Trifft eher zu« angekreuzt? Hast Du mehrere Alerts, die Dich am Rechner, Tablet oder sogar via Smartwatch über eingehende Nachrichten informieren? Fühlst Du Dich unwohl, wenn Dein Handy keine mobilen Daten empfangen kann und weit und breit kein WLAN in Sicht ist? Fühlst Du Dich in innerer Alarmbereitschaft und checkst ständig Deine Geräte, um ja nichts zu verpassen? Je häufiger Du im Check »Trifft eher zu« angekreuzt hast, desto mehr bist auch Du mit »Hyperkonnektivität« angesteckt. Besonders wenn Du dem Ruf des Handys sogar folgst, wenn Du eigentlich mit anderen Menschen im Gespräch bist (Aussage 6) oder für die anderen Menschen Deine Erreichbarkeit der Normalzustand ist (Aussage 12).

Du hast mittlerweile quasi Dein ganzes Leben im Smartphone organisiert? Bist auch aktiv in verschiedenen Netzwerken und findest es super, dass Du initiativ und unabhängig von überall kommunizieren und agieren kannst (Aussagen 2, 5, 8)? Im Kern ist das eine feine Sache – solange Du bewusst auch offline gehen und die digitale Abstinenz genießen kannst. Denn ständig »on« ist auch für die Menschen ungesund, die es aus vermeintlich freien Stücken tun – wie auch die folgende Geschichte des modernen Königs zeigt.

Der König und der Wunderkasten

Es war einmal ein König. Der liebte sein Volk. Und sein Volk liebte ihn. Eines Tages schenkte ein vorbeiziehender Apfelpflücker ihm einen Wunderkasten, mit dem er überall und jederzeit mit anderen Menschen in Kontakt sein konnte. Welche Freude! Während die Ministerrunde tagte, konnte der König seinem Freund Prinz Immeron kleine Texte schicken. Während er mit seiner frisch vermählten Frau speiste, konnte er mit den Ministern sprechen. Und während er mit Prinz Immeron telefonierte, konnte er seiner Frau via »Was-los« Gute Nacht sagen. Die Jahre zogen ins Land und der König war glücklich.

Doch eines Morgens stand er einer wütenden Ministerrunde gegenüber. »Unsere Kornkammern bleiben auch heuer wieder leer – weil du die Samenlieferungen aus unseren Kolonien nicht rechtzeitig freigegeben hast. Wir werden hungern!« Erschrocken lief der König zu seiner Frau. Doch das Gemach war verlassen. Hastig scrollte der König durch seine Textnachrichten und fand eine Botschaft seiner Liebsten. »Seit Jahren wünsche ich mir einen Thronfolger mit Dir – doch Dein Wunderkasten hat Dich immer davon abgehalten, zu mir zu kommen. Ich gehe.«

Da warf der König den Wunderkasten in den tiefsten Brunnen auf dem Schlossberg, suchte seine Liebste, fand sie – und ließ sich nie wieder stören.

(aus: Cordula Nussbaum: LMAA – 66 Mini-Plädoyers für mehr Mut, Leichtigkeit und Gelassenheit, 1. Aufl. 2018, GABAL, Offenbach, S. 34)

Digitale Dauerdröhnung – die Folgen

Zunehmend berichten Wissenschaftler von Erschöpfungszuständen, Angstattacken und Depressionen – entstanden aufgrund des munteren Treibens in der digitalen Welt. »Wenn mein Handy blinkt, bekomme ich Herzrasen«, berichtet eine junge Frau. »Ständig gibt es neue Push-Nachrichten. Und immer ist der Druck da, antworten zu müssen. Es sind schon etliche Streitereien entstanden, wenn man mal nicht direkt geantwortet hat«, erzählt eine andere.[31] Und selbst die 14- bis 34-Jährigen, die mit den digitalen Medien aufgewachsen sind, berichten von einem hohen Druck. 36 Prozent fühlen sich gestresst.[32]

Das Smartphone macht müde und dick

Größter Stressfaktor: Die vielen Ablenkungsmöglichkeiten wie Blogs, Videos und Chats in sozialen Netzwerken, gefolgt von der allgemeinen Info-Flut, ausgelöst durch Push-Nachrichten, Mails und Newsletter. 37 Prozent der Männer fühlen sich zusätzlich getrieben zu »ständig on« aufgrund von Belohnungen und Prämien bei Onlinespielen. Frauen fühlen sich hingegen mehr zum elektronischen Standy-by gezwungen, um für Freunde und Familie erreichbar zu sein.

Die Folge: Wir sind übermüdet aufgrund Schlafmangels, erschöpft und gereizt. Rund ein Drittel der Befragten bemerkten, dass sie aufgrund der online verbrachten Zeit echten Zeitmangel für anderes haben und sich deshalb schlecht ernähren sowie an Gewicht zulegen, weil sie sich weniger bewegen. Fatal: Fast jeder zweite digital Gestresste sieht kaum Möglichkeiten, diesen Stress zu reduzieren. Einfach mal alles auslassen? Fehlanzeige!

Das Smartphone überreizt

Weil wir online ständig und minutenaktuell auf alle News dieser Welt zugreifen können, verführen die neuen Medien zur Reizüberflutung. Ständig steht uns das Tor der digitalen Informationswelt offen – und damit das Gefühl, etwas zu verpassen, wenn wir nicht schauen. Wir hecheln all den Info-Kanälen hinterher, die wir »schnell« noch scannen wollen, und dieser never-ending Info-Schwall treibt unseren Stresspegel in die Höhe. Da musst Du nicht mal News-Junkie sein – aber dieses verführerische News-Buffet im WWW ist eine echte Herausforderung. Mit dem Smartphone sind wir jederzeit im Fluss des Geschehens, können vom Bett aus an Meetings teilnehmen, auf dem Weg zur Arbeit Mails bearbeiten und die ruhige Zeit im Urlaub für Online-Weiterbildungen nutzen.

Folge: Wir fühlen uns erschlagen von der Info-Flut, werden unkonzentriert, schlafen schlecht und gehen in die Knie. Längst haben wir erkannt, dass die ständige Ablenkung durch Internet und Co. uns weder in der Freizeit noch in der Arbeit guttut, und so fordern Mediziner mittlerweile »Informationsgewichtsreduktion durch entgiftende Digital-Diäten«, wie sie schon immer zur körperlichen Diät aufrufen. Digitalunternehmen wie Facebook verschreiben ihren Mitarbeitern mittlerweile regelmäßige Offline-Tage.

Das Smartphone tut weh

Kennst Du den Begriff »Handy-Nacken«? Den haben Mediziner vor einigen Jahren erfunden, als Schmerzen im Bereich der Halswirbelsäule bei vielen Menschen massiv zulegten. Kein Wunder, denn wer über Stunden wie festgefroren auf Smartphone oder Tablet starrt, bei dem zerren aufgrund der um 45 Grad geneigten

Kopfhaltung rund 20 Kilo Gewicht am Hals.[33] Dieses Gewicht entspricht einem vollen Kasten Bier! Schauen wir gerade nach vorne, dann trägt unser Hals lediglich das reine Kopfgewicht von rund fünf Kilogramm. Gewöhn Dir also gleich an, das Handy am besten auf Augenhöhe zu nutzen und zwischendurch immer mal wieder den Nacken und die Schultern zu lockern.[34]

Kein Problem ist diese Haltung nämlich, wenn wir die Zusatzbelastung für Nacken, Bandscheiben und Gelenke nur kurzzeitig haben und dann wieder entspannen oder lockern. Weil der deutsche Homo digitalis allerdings täglich 1,6 Stunden mobil online ist – unter 30-Jährige sogar mehr als drei Stunden –, werden die Schmerzen schnell chronisch.

Leseratten kennen diese Nackenschmerzen, die häufig auch Kopfschmerzen nach sich ziehen. Ein US-Arzt prägte 2003 den Begriff »Hogwarts Headache« (Hogwarts-Kopfschmerzen), weil der fünfte Harry Potter-Band mit 870 Seiten richtig dick ist und einige – ansonsten völlig gesunde – Kinder vom gebannten Lesen Kopfschmerzen bekamen. Jedoch hätten sie alle stundenlang Harrys jüngste Abenteuer gelesen – zwei davon auch noch auf dem Bauch liegend.[35]

Ja, auch unsere Zwangshaltung vor dem PC-Bildschirm ist keineswegs gesund. Das zeigte eindrucksvoll eine Studie der Uni San Diego. Dort wurden neu eingestellte, körperlich gesunde Bürokräfte untersucht. Sie hatten im vergangenen Jahr keine Nackenbeschwerden gehabt und arbeiteten in ihrem neuen Job mindestens 22 Stunden pro Woche am Bildschirm. Nach einem Jahr hatte sich jeder fünfte Studienteilnehmer wiederkehrende Nackenschmerzen eingehandelt.[36]

Häufig kommt dann noch ein »SMS-Daumen« dazu – im englischen Sprachraum heißt er »WhatsApp-Krankheit«. Ausgelöst durch häufiges Tippen auf dem Touchscreen handeln wir uns eine schmerzhafte Sehnenscheidenentzündung ein, die sich über den gesamten Unterarm ziehen kann. Typisches Alter der Betroffenen: 15 bis 25 Jahre.[37] Bei allen Versicherten der IKK Südwest haben sich die Fälle von krankhaftem Handgelenksverschleiß, besonders des Daumens, in den vergangenen vier Jahren verdoppelt, bei den 21- bis 30-Jährigen haben sich die Fälle von Arthrose der Hand sogar verfünffacht![38]

Das Smartphone macht dumm

Wie oft liegt Dein Handy vor Dir auf dem Schreibtisch oder dem Wohnzimmertisch? Wusstest Du, dass die bloße Anwesenheit Deines Gerätes dafür sorgt, dass Du weniger konzentriert und weniger produktiv bist? Selbst wenn es abgeschaltet ist oder Du es nicht mal in die Hand nimmst?

Wissenschaftler der Universität von Texas haben herausgefunden, dass schon das reine »Da-Liegen« von Smartphones unsere Denk- und Konzentrationsfähigkeit beeinträchtigt – sogar, wenn das Gerät aus ist.[39] Dazu bildeten die Wissenschaftler drei Versuchsgruppen und ließen die Probanden einige Tests durchführen, für die die volle Konzentration erforderlich war. Die erste Gruppe wurde gebeten, das eigene Smartphone mit in den Raum zu bringen und es mit dem Display nach unten auf den Tisch neben sich zu legen. Die zweite Gruppe sollte ihre Smartphones mit in den Raum bringen, aber in ihren Taschen verstauen. Die dritte Gruppe sollte das Handy im Nebenraum lassen. Stets waren die Tonsignale ausgeschaltet.

Ergebnis: Am schlechtesten in Sachen Konzentration und Gedankenleistung schnitten diejenigen Nutzer ab, die ihr Smartphone auf dem Tisch neben sich liegen hatten. Deutlich bessere Ergebnisse erzielten diejenigen, die ihr Smartphone in der Tasche ließen. Und nochmals bessere Leistungen zeigten diejenigen, deren Smartphone im Nebenraum lag. In einer Vergleichsstudie der Universität Würzburg lag die Leistung um 26 Prozent höher, wenn das Handy nicht mit im Raum war.[40]

Und wie sieht das in einer realen Arbeitsumgebung aus? Dazu beobachtete die Uni Lüneburg Mitarbeiter, die sie als Telefon-Interviewer anheuerten. Bei einem Teil der Gruppe hing im Büro ein Handyverbotsschild, beim anderen Teil nicht. Effekt: In der Gruppe, in der das Schild hing, ließen die Interviewer ohne weitere Aufforderung die Handys in der Tasche und erbrachten eine um 10 Prozent höherer Leistung als die Kollegen im Büro ohne Verbotsschild.[41]

Im Klartext: Drei Studien – ein Ergebnis! Sobald unser Handy in Sichtweite ist, sinken unsere Konzentration und unsere Leistung rapide ab. Kein Wunder, denn unser Gehirn ist permanent damit beschäftigt, uns zu ermahnen, aktiv zu arbeiten und eben nicht aufs Telefon zu schauen. »Nein, Du schaust jetzt nicht aufs Handy. ... Nein, da ist bestimmt keine neue Nachricht gekommen!« Ein Teil unserer Gehirnkapazität fällt auf diese Weise aus, um die anstehenden Aufgaben zu lösen.

Digital im Dauerfeuer? Fakten statt Bauchgefühl

Vielleicht bist Du Dir jetzt, wo Du über dieses Thema nachdenkst, nicht mehr so sicher, ob Deine Digital-Nutzung noch im grünen Bereich ist (Aussage 9 im Check)? Denn häufig merken wir gar nicht mehr, was wir den ganzen Tag so treiben. Wir greifen nach dem Aufwachen nach dem Handywecker, stellen ihn ab, checken dabei die News des Tages in der Tagesschau-App, schauen, ob unsere Lieben eine WhatsApp geschrieben haben, prüfen das Wetter von heute.

> *»Früher habe ich rausgeschaut, ob es regnet.*
> *Heute sagt mir der Computer:*
> *Niederschlag – ja oder nein.«*
>
> MARTIN MELBER, METEREOLOGE

Beim Frühstücken beantworten wir die ersten Mails, bestellen was bei Amazon, liken einen Beitrag auf Facebook, buchen Kinokarten für den Abend. Da ist der Tag noch keine Stunde alt, und wir haben online bereits 30 Mini-Tasks erledigt. 85-mal greifen Smartphone-Besitzer mittlerweile am Tag zu ihren Geräten – häufig sogar auch nachts.[42]

Verschaff Dir einen genauen Überblick, wie extensiv Du Deine digitalen Hilfsmittel nutzt. Schaff Fakten, um dann genau für Dich bewerten zu können, ob Deine digitalen Gadgets Dir noch das Leben erleichtern oder ob sie es bereits beherrschen.

Tracken, was Du treibst

Kennst Du die App »QualityTime«? Das ist eine App für das Smartphone, die registriert, wie lange und wie oft wir welche Anwendungen auf dem Handy nutzen. Also wie lange wir in WhatsApp, auf Instagram, in Twitter, in tageschau24 etc. sind. Sie zeigt uns außerdem, wie häufig wir den Bildschirm entsperrt haben und wie oft und wie lange wir das Handy insgesamt benutzt haben.

Neulich war ich auf einem Kongress und unterhielt mich mit einem Gast darüber, dass wir uns mit der App einen guten Überblick verschaffen können, was wir tatsächlich treiben. Er meinte: »Ach, ich bin nicht so viel am Handy, aber ich tracke das jetzt trotzdem mal. Ist ja lustig.« Am Tag darauf traf ich ihn in der Mittagspause wieder und er berichtete aufgewühlt, laut »QualityTime« habe er heute bereits drei Stunden am Handy verbracht – das sei ihm noch nie so aufgefallen. Ähnlich funktioniert die App »Moment«, die auch auf iOS-Geräten läuft.

Als iPhone-Nutzer hast Du seit der Systemaktualisierung im Herbst 2018 mit »Screen Time« eine entsprechende Anwendung in den Bordmitteln, die ebenfalls sehr genau zeigt, wo Du Dich digital herumtreibst, und die Dir hilft, Deine Bildschirmzeit bewusster zu gestalten.

Wer nicht alle seine Nutzungsdaten den Apps zur Verfügung stellen will, der kann »Checky« nutzen (verfügbar für iOS und Android). »Checky« zeigt Dir lediglich an, wie oft Du heute nach dem Handy gegriffen hast – ohne die Einzelnutzung der einzelnen Apps zu tracken. Auch das kann bereits schockierende Aha-Erlebnisse schaffen. Denn unsere Wahrnehmung und die tatsächliche Zeit am Handy liegen meist ganz schön weit auseinander.

Finde heraus, wie viel Zeit Du tatsächlich mit Klicken, Liken, Wischen und Chatten beschäftigt bist, und beurteile, wie sehr dieser Zeit-Einsatz Dich selbst stört – und die Menschen, die Dir nahestehen. Dann kannst Du im nächsten Schritt gezielt Deinen Konsum angehen. Und Deine Lebensqualität tatsächlich verbessern.

Verbote – eine Lösung?

Obwohl wir wissen, wie ausufernd und wie schädlich unser Handykonsum mittlerweile ist, scheuen sich viele Arbeitgeber allerdings davor, Handyverbote auszusprechen, oder andere digitale Ablenkungen zu unterbinden. Sie haben Angst, die Mitarbeiter würden sich kontrolliert fühlen und sich über mangelndes Vertrauen beklagen. Das finde ich nett – aber auf der anderen Seite bestehlen wir unsere Arbeitgeber, wenn wir privat am Mobiltelefon hängen oder surfen. Denn wer hängt die verdaddelte Arbeitszeit schon wirklich hinten an? Das ist ähnlich wie in der Raucher-Nichtraucher-Diskussion: Müssen Raucher ihre Rauchpausen nacharbeiten oder nicht? Ein japanisches Unternehmen hat da eine ganz pragmatische Lösung gefunden: Nichtraucher erhalten sechs Tage mehr Urlaub als die Raucher.[43] Ja, so geht es auch.

»Arbeitszeit-Diebstahl« lautet der Fachbegriff, wenn wir privat in die Tiefen der digitalen Welt eintauchen. Und offenbar ist das weiter verbreitet, als wir zugeben wollen. Neulich erzählte in einem Seminar ein IT-Mitarbeiter, dass er und seine IT-Kollegen sehen, was die anderen Kollegen des Hauses an ihren Geräten machen. Seine Abteilung sei für den reibungslosen Einsatz aller IT-Tools verantwortlich und müsse bei Ausfällen sofort eingreifen können. »Wir sehen genau, dass viele Kollegen zwei Stunden am Tag bei Amazon verbringen, in ihrem GMX-Postfach oder auf diversen Urlaubseiten. Verwenden dürfen wir diese Informationen natürlich nicht, aber manchmal wundere ich mich schon, dass genau diese Kollegen dann am lautesten rufen, sie seien ja so beschäftigt!«

Ja, mag sein, dass Verbote den einen oder anderen befremden. Auf der anderen Seite können sie aber auch eine willkommene Unterstützung für all diejenigen sein, die es aus eigener Kraft (noch) nicht schaffen, den digitalen Verlockungen zu widerstehen.

Häufig erzählen mir Berufstätige, dass bei ihnen eine ganz klare Regelung herrscht und dass sie diese Verbote und Einschränkungen sogar als wohltuend empfinden. Denn so führen sie sich selbst gar nicht erst in Versuchung, sich abzulenken. Klare Regelungen helfen auch, klare Grenzen nach außen zu setzen. »Früher waren meine Freunde oder Familienmitglieder beleidigt, wenn ich nicht gleich auf Botschaften reagiert habe. Dann erzählte ich, dass die private Handynutzung bei uns am Arbeitsplatz jetzt verboten ist und ich meinen Job riskiere, wenn ich trotzdem chatte. Seither ist mein Schweigen tagsüber überhaupt kein Problem mehr«, berichtet Inga. Klare Regeln helfen gegen das schlechte Gewissen, gerade wenn Du eine ausgewiesene Hanni Herzlich bist oder Du Deinem inneren Antreiber »Sei nett!« zu sehr hörig bist (vgl. On-Treiber #6).

Klare Regeln helfen Dir bei Deiner digitalen Diät – bis Du innerlich so gestärkt bist, dass Du diese Krücke nicht mehr brauchst.

Smartphonesüchtig?

Du hast Bedenken, dass Du bereits smartphonesüchtig bist? Ja, das kann passieren. Viele Anwendungen in der digitalen Welt machen richtiggehend happy. Ähnlich wie beim Glücksspiel sorgt das Piepsen, Vibrieren oder Leuchten nach einer neuen Push-Nachricht, nach einem Kommentar oder einem Like dafür, dass unser Körper das Glückshormon Dopamin ausschüttet. Ergebnis: Wie der Pawlow´sche Hund greifen wir sofort wieder zum Handy – auch wenn wir das »eigentlich« gar nicht wollten.

Richtig fies wird es, wenn Du auf Deinem Handy Spiele installiert hast. Denn die Macher von Candy Crush & Co. haben einen ganz ausgewogenen Algorithmus errechnet, in dem Belohnung und Herausforderung sich die Waage halten. Bewusst triggern sie den Spieltrieb in Dir an, halten kunstvoll die Balance zwischen Belohnung und Frust und schaffen es damit, dass wir einfach nicht abschalten können. Da braucht es eine Menge Willenskraft, um des Impulses »nur eine Runde noch« Herr zu werden. Oder den Entschluss, das ganze Zeugs sofort zu deinstallieren, um gar nicht mehr in Versuchung zu geraten.

Folgende Situationen[44] sind ein Anzeichen dafür, dass Dein Nutzungsverhalten bereits Grund zur Sorge bietet:

- Bei Wartezeiten (am Bahnsteig, alleine im Restaurant, in einer Warteschlange ...) nehme ich meist sofort mein Handy raus.
- Wenn ich mit anderen am Tisch sitze, dann ist mein Handy in Griffweite, vielleicht sogar direkt neben meinem Teller
- Mein Handy liegt auf meinem Nachttisch. Ihm gilt der letzte Blick abends und der erste Blick morgens.
- Manchmal zucke ich erschreckt zusammen und suche mein Handy.
- Manchmal glaube ich, mein Handy hat geklingelt oder vibriert, doch das hat es gar nicht.
- Falls ich versehentlich ohne Smartphone aus dem Haus gehe, dann kehre ich sofort um, um es zu holen. Ohne fühle ich mich unwohl.

- Bei der Arbeit liegt mein Smartphone in Reichweite, auch wenn es eigentlich verboten ist.
- Andere Menschen haben mir schon mal gesagt, dass sie von meiner Handynutzung genervt sind.
- Mein morgens voll geladenes Handy muss trotz intakter Akkus tagsüber an die Steckdose.

Wie oft kannst Du den beschriebenen Situationen zustimmen? Bei mehr als drei »ja« besteht akute Suchtgefahr.

> *»Die Dosis entscheidet darüber,*
> *ob etwas ein Gift ist oder nicht.«*

PARACELSUS

Versuch mehr noch als die anderen Leser dieses Buches, Deine Nutzungszeit einzuschränken. Die folgenden Tipps können Dir helfen. Wenn Dir das mit den Tipps aus diesem Buch nicht gelingt, dann suche Dir bitte Hilfe. Eine erste Anlaufstelle kann Dein Hausarzt sein, oder eine Beratungsstelle[45]. Die helfen auch, wenn Du von anderen elektronischen Medien abhängig bist, wie beispielsweise vom PC und seinen zahlreichen Möglichkeiten, vom Internet, von Spielen, vom Online-Einkaufen, von all den Online-News oder vom Fernsehen- oder Netflix-Schauen.

Das kannst Du tun

Wichtig: Es geht überhaupt nicht darum, Smartphones, Tablets & Co. prinzipiell zu verteufeln. Denn in diesen kleinen Wundergeräten steckt viel Potenzial, uns das Leben zu erleichtern. Auf kleinstem Raum liegt uns die Welt zu Füßen, viele Dienstleistungen machen ein Smartphone auch notwendig (Deine Bank schickt eine Push-TAN für eine Überweisung) oder digitale Fahrkarten, Eintrittstickets und eBooks werden unserem Wunsch nach einem papierlosen Leben und einer nachhaltigen und minimalistischen Lebensweise gerecht. Wer sich den »neuen« Medien verweigert, der wird irgendwann komplett den Anschluss verloren haben und viele Dinge nicht mehr erleben und erledigen können. Oder teuer für »analoge Hilfe« bezahlen. Siehe mein Beispiel mit den Senioren und ihrer Bank.

Viele Studien zum Thema Handynutzung sehe ich deshalb auch sehr kritisch. So eine der Uni Würzburg, die festgestellt hat, dass Männer, die alleine in einem Raum warten mussten, nach 21 Sekunden nach dem Handy griffen, Frauen nach 57 Sekunden.[46] Na und? Ist das schlimm? Mitnichten! Vor 20 Jahren hätten die Probanden vielleicht ein Buch aus der Tasche gezogen – heute lesen sie halt auf dem Smartphone. Oder sie hätten in ausliegenden Zeitschriften geblättert, wenn dort welche gelegen hätten. Heute lesen sie die Magazine eben online. Und was spricht dagegen, mir die Wartezeit mit einem Chat mit meiner Freundin zu verkürzen? Wir jammern so häufig, dass wir keine Zeit für unsere Freunde haben, mobile Medien ermöglichen uns, enger in Kontakt zu bleiben denn je. Ich finde das großartig. Der schnelle Griff nach Zerstreuung ist maximal ein Anzeichen dafür, dass wir verlernt haben, mal nichts zu tun, mal nur den Gedanken nachzuhängen. Aber nicht dafür, dass wir smartphoneverdorben sind.

Null-Diät ist nicht das Ziel

Ausschlaggebend für all Deine weiteren Schritte ist, dass Du Dich nicht zum Sklaven Deiner technischen Geräte machst, sondern ganz bewusst bestimmst, wann Du »on« sein willst und wann eben nicht. Mein Aufruf »Lass Mal Alles Aus!« bedeutet ja nicht, dass Du offline gehen *musst*. Nein, ich will Dich dabei unterstützen, dass Du offline gehen *kannst* – wenn der Impuls aus Dir selbst kommt und Du Dich fragst: Wie schaffe ich das? Deine Nutzung also komplett auf »null« zu bringen, ist nicht das Ziel.

Eine »digitale Diät« ist ein prima Weg zum selbstbestimmten »off«. Wobei »Diät« nicht heißt »von 100 auf 0«. Bei einer echten Essensdiät haben die meisten Menschen ja jetzt auch endlich begriffen, dass wir nicht dünner werden, wenn wir gar nichts mehr essen oder mit 14-Tage-Saft-Kuren hungern. Nein, langfristig haben wir Erfolg, wenn wir unser Essen umstellen und mit Genuss weniger Kalorien zuführen, als wir verbrennen.

Viel eher handelt es sich um eine »Detox-Kur«, eine Entgiftungskur, mit der Du die schleichende Vergiftung Deines Körpers und Deines Geistes wieder zurückfährst. Eine Kur, mit der Du wegkommen kannst vom mobilen Hochleistungsvirtuosentum via Smartphone und Laptop. Du bestimmst Dein »Ausgangsgewicht«, indem Du Dein Online-Verhalten ermittelst (z. B. mit den Apps »QualityTime« oder »Screen Time«), indem Du anschließend selbstkritisch-liebevoll Deinen derzeitigen Konsum bewertest und indem Du festlegst, wie viel »on« Du künftig sein willst.

Knechte Dich nicht mit tagelanger Abstinenz. Denn ähnlich wie bei einer Null-Essen-Diät konnten bereits bei Teilnehmern von »digitalen Off-Kuren« Rückfälle beobachtet werden, bei denen diese nach der Kur mehr »on« waren als je zuvor. Bei unserem Gewicht kennen wir das als Jojo-Effekt. Tu Dir so einen Blödsinn nicht an!

Sanftes digitales Detox für Dich

Beginn Dein LMAA-Training mit kleinen Veränderungen, die Dir leichtfallen. Probier diese ein paar Tage lang aus, und dann gehe die nächste Veränderung an.

- Kauf Dir einen althergebrachten Wecker, damit Du das Smartphone nicht mehr neben das Bett legen musst. Das verhindert, dass Dein letzter Griff am Abend und Dein erster Griff am Morgen automatisch zum Handy gehen. Und verbessert wissenschaftlich belegt sogar Deine Schlafqualität.
- Leg Dir wieder eine Armbanduhr zu. Das verhindert, dass Du nur nach der Uhrzeit schauen willst – und in den Bann Deiner Apps gerätst.
- Erklär bestimmte Zonen in Deiner Wohnung, an Deinem Arbeits- platz oder bei bestimmten Tätigkeiten zur gerätefreien Zone. Verbann digitale Me- dien vom Esstisch und aus dem Schlafzimmer und gönn Dir erholsame Offline-Räume. Auch beim Treffen mit Freunden

oder beim Spazierengehen kannst Du Dir ein Digitalverbot erteilen.

- Lass am Arbeitsplatz oder zu Hause Handy oder Tablet in der Tasche. »Aus den Augen – aus dem Sinn« schenkt Dir auf einfachem Weg mentale Entlastung und Erholung.

- Deaktivier alle Töne und Vibrationen, die Dich über den Eingang neuer Nachrichten oder Posts informieren, und entlaste Dich vom Druck, sofort schauen zu müssen. Entscheide DU, wann Du schauen willst – und lass nicht einen Reflex entscheiden. Oder indirekt die anderen Menschen, die Dir in dieser Sekunde etwas schicken.

- Deaktivier Push-Nachrichten auf Deiner Smartwatch. Deine Gesundheit (und Dein Partner, Deine Partnerin) werden es Dir danken.

- Nutze Apps wie »QualityTime«, »Moment« oder »Space«. Sie helfen Dir dabei, Digital-Detox-Ziele zu setzen und schrittweise einzuhalten. Im Schnitt verbringen Deutsche mit 40 Stunden pro Woche genauso viel Zeit online wie in der Arbeit. Leg deshalb »Online-Zeiten« ähnlich Deinen Arbeitszeiten fest, gib Dir ein Zeitbudget für Surfen & Co. und leg bei »Überstunden« eine kleine Strafe fest.

- Such Dir Ersatz-Belohnungen in der analogen Welt, die die wegfallenden digitalen Kicks gut kompensieren. Wie bereits beschrieben, schüttet unser Körper bei einigen Tönen und Vibrationsalarmen das Glückshormon Dopamin aus. »Likes« auf Instagram- oder auf Facebook-Postings zu bekommen, stimuliert unser Gehirn wie Essen oder Sex, haben Wissenschaftler festgestellt. Schaff Dir deshalb Ersatz-Tätigkeiten in der echten Welt: Iss genussvoll und bewusst, kuschle mit lieben Menschen und verzichte damit nach und nach auf den virtuellen Kick. In meinem Buch »Meine GlüXX-Factory – So mache ich mich einfach glücklich!« findest Du weitere Inspirationen für glücklich machende Aktivitäten.

Härteres digitales Detox für Dich

Dein Bedürfnis, das Smartphone immer und immer wieder in die Hand zu nehmen, ist einfach zu groß? Dann greif zu härteren Maßnahmen!

- Beschränk die Nutzungsdauer einzelner Apps. Auch dafür kannst Du Dir Apps installieren, die Dir helfen.
  Möglichkeit #1: Bei »Forest« gibst Du ein, wie lange Du eine bestimmte App nicht nutzen willst (z.B. 30 Minuten kein Facebook). Schaffst Du die Abstinenz, dann wächst in Forest ein kleiner virtueller Baum. Und da Du jedes Mal belohnt wirst, wenn Du Deine eigenen Vorgaben erreichst, hast Du bald einen hübschen virtuellen Wald beisammen. Gönnst Du Dir die kostenpflichtige Version, pflanzen die Macher von Forest sogar einen echten Baum, sobald ausreichend virtuelle Bäume beisammen sind. Greifst Du früher als geplant zum Handy, dann geht der wachsende Baum ein – und die Ruine bleibt für immer und ewig auf Deinem Bildschirm stehen.
  Möglichkeit #2: Du möchtest eine noch härtere Gangart einschlagen? Dann installiere Dir »Freedom«. Auch hier gibst Du ein, wie lange Du bestimmte Dienste nicht nutzen willst – und Du kommst während der voreingestellten Zeit nicht mehr an die Inhalte ran. Selbst nicht, wenn Du den Akku ausbaust oder sonstige Tricks anwendest.

- Beschränk Deine Nutzungsdauer der Geräte insgesamt. Nutz dazu beispielsweise Anwendungen, mit denen Eltern die PC- und Internetnutzung ihrer Kinder überwachen und steuern können. Wir hatten bei unseren Kindern »Parent Watch« eingerichtet und die PC-Nutzungszeit zunächst auf zwei Stunden täglich eingestellt. Ähnliche Helfer gibt es auch für Mobiltelefone. Die App »Space« verdunkelt den Bildschirm, je länger wir es (ungeplant) nutzen. Bis nichts mehr zu sehen ist.
- Deinstalliere alle Apps, die Dir wertvolle Zeit stehlen, komplett. Unter Umständen spart Dir das sogar auch Geld, wenn es sich um kostenpflichtige Apps im Abo handelt.
- Sperr Deine Geräte weg!

  Möglichkeit #1: In den USA legen die Besucher von manchen Konzerten am Eingang ihre Smartphones in die Handyhülle *Yondr* ein. Ähnlich wie bei einer Diebstahlsicherung im Kleidungsgeschäft kann die Neoprenhülle selbst nicht mehr geöffnet werden, nur am Ausgang stehen Entsperr-Stationen bereit. Künstler seien begeistert, dass sie bei ihren Auftritten nicht mehr in ein Meer von Handys schauen müssen, sondern dass sich die Zuhörer wieder auf die Show konzentrieren, berichtet das Magazin *Lead digital* und zitiert Sängerin Amy Macdonald: »Es war so erholsam, keine 10.000 Smartphones zu sehen – und stattdessen Menschen, die sich wieder miteinander unterhalten. Das ist die Zukunft!«[47]

  Möglichkeit #2: Samsung entwickelte den Smartphone-Safe »Offline Box«, eine Art Müsli-Dose mit zeitgesteuertem Schloss. Du legst Dein Handy in die Box und stellst ein, nach welchem Zeitraum das Schloss sich wieder öffnen soll. Im Notfall kannst Du das Schloss zwar knacken, zerstörst es da-

mit aber komplett. Ähnlich funktioniert der »Kitchen Safe«
mit Zeitschloss. Kosten: um die 50 Euro.

- Im Silicon Valley führten Unternehmen im Rahmen von
Digital Detox schon vor Jahren den sogenannten handy-
freien Tag ein. Such auch Du Dir einen Tag pro Woche aus,
an dem Du alle digitalen Medien aus Deinem Alltag ver-
bannst. Leb bewusst wie die Menschen vor 50 Jahren, und
üb, das zunächst seltsame Gefühl der Leere nach und nach
zu genießen.

- Oder fahr gleich ein paar Tage weg – mit Ziel »netzfrei«. Vor
einigen Monaten hörte ich die Radiowerbung eines kleinen
Dorfes, das bis heute weder Handyempfang noch Internet-
anschluss hat. Und das dies jetzt für sein Tourismus-Mar-
keting nutzt. »Kommen Sie zu uns, wir garantieren Ihnen
völliges Abschalten!« Clever. Ein Hotel im Allgäu schenkt
jedem Gast, der sein Handy an der Rezeption abgibt, ein
Stück Bergbauern-Käse und Postkarten für den analogen
Gruß nach Hause. Vielleicht inspiriert vom Silicon Valley, wo
bereits 2012 die ersten »Digital Detox«-Camps entstanden,
als Zentren der Stille, mit strengen Abstinenzregeln: Brief-
papier statt Handy. Erfahrungsgemäß sind Abstinenzler
die ersten fünf Tage hippelig und nach wie vor in innerer
Alarmhaltung, erst dann setzt Entspannung ein.

- Schneid Dich auch mal tageweise vom immerfort plät-
schernden News-Channel ab. Das kann Erholung pur
schenken, wie Sterne-Koch Tim Raue erlebte, als er für zwei
Wochen auf einer Malediven-Insel den Kochlöffel schwang.
Gemäß dem Inselmotto »No news, no shoes« (Keine Nachrichten. Keine Schuhe.) verzichtete Raue, der laut Selbst-
aussage im Monat sonst gern mal 500 Euro für Magazine

und Zeitungen ausgibt, auf den Info-Input. Dieses Motto habe ihn sehr geerdet: »Ich habe mich noch nie so erholt wie hier.«[48]

- Du hast Angst vor Entzugserscheinungen? Dann kauf Dir ein »No-Phone«, einen schwarzen Plastikblock in Smartphone-Form ohne jegliche Funktion (12 Dollar). Tests zeigen, dass Handy-Süchtige sich deutlich besser fühlen, wenn sie ein No-Phone in den Händen halten. Und es ist nachvollziehbar, dass so ein Dummie den langsamen Entzug erleichtern kann.

- Auch Neuauflagen von Klassikern der finnischen Kult-Firma Nokia helfen bei der digitalen Entgiftung. Mit dem bananengelben Schiebehandy 8110 (seit Mai 2018 auf dem Markt) können Nutzer wie anno dazumal telefonieren und SMS verschicken, Apps laufen nicht. Für Nokia-Manager Shaun Durandt liegt darin der Charme des technisch längst nicht mehr zeitgemäßen Geräts, weil es »ihrem Nutzer ein Stück Ruhe und Entspannung« biete und beim Digital Detox helfe.[49]

Erreichbarkeits-Detox

- Vereinbare mit Deinen Freunden, dass Du nicht mehr sofort auf Messages antwortest. Sag Deinem Umfeld, dass Du ab sofort »Digital Detox« betreibst und Phasen der Nicht-Erreichbarkeit zelebrierst. Sei erreichbar, wenn Du erreichbar sein willst. Und sag in anderen Momenten: LMAA!

- »Freunde«, die dafür kein Verständnis haben, sind mit Sicherheit keine wahren Freunde. Welche Konsequenz ziehst Du daraus?

- Du traust Dich das noch nicht? Dann »vergiss« absichtlich Ladekabel und Ersatz-Akkus (Power-Banks), wenn Du aus dem Haus gehst. Das ist eine prima Ausrede, wenn andere Menschen Dich anmaulen, dass Du nicht erreichbar warst. Erzwungene Offline-Zeiten stärken Dir den Rücken, wirklich offline zu gehen. Bis Du eines Tages die Ausrede nicht mehr brauchst.
- Legt im Job fest, wer wann tatsächlich mobil erreichbar sein muss. Klare Absprachen helfen – so wie einem Bekleidungshändler in Niederbayern, bei dem die Führungskräfte in einer WhatsApp-Gruppe auf schnellem Wege kommunizieren können. Und bei denen die strikte Anweisung gilt, keine Messages zwischen 19 Uhr abends und 7 Uhr morgens zu senden.
- Trenn nach Möglichkeit das Firmenhandy von Deinem privaten Handy, damit Du eingehende Anrufe oder E-Mails gar nicht erst siehst.

Mail-Detox

- Verschaff Dir zum Warmarbeiten in der Früh ruhig einen Überblick über die eingegangenen Nachrichten. Antworte jedoch nicht sofort!
- Vergib nach dem Überfliegen der Inbox eine Flagge an diejenigen Mails, die ein To-do für Dich bedeuten. Sortiere die geflaggten Mails so, dass sie im Posteingang oben stehen. Das macht Deine Inbox automatisch zur »Reisenden To-do-Sammlung«. Ein Mini-Tutorial dazu findest Du im BLOG unter www.gluexx-factory.de .[50]

- Entscheide dann, welche Mails Du gleich beantworten willst, welche später, weil Du Dich lieber zunächst einer Deiner wichtigen Aufgaben des Tages widmest. Fühl Dich hier völlig frei – der Absender weiß ja nicht, ob Du Deine Mails um 8 Uhr oder um 10 Uhr abrufst – also stress Dich nicht!
- Können Dir feste Mail-Abholzeiten helfen, dass Deine Tage weniger fragmentiert sind? Bei vielen meiner Klienten ist das problemlos möglich, weil sie nicht minütlich auf Input und Austausch angewiesen sind.
- Gibt es in Deinem Unternehmen klare Vorgaben zum Thema »Erreichbarkeit«? Halt Dich daran. Es gibt keine? Dann reg welche an.
- Stell die automatische Benachrichtigung über eingehende E-Mails auf all Deinen Geräten (PC, Smartphone, Smartwatch) ab. Egal ob »Pling«, Vibration oder ein blinkender Umschlag – jeder Reiz reißt Dich raus. Lass Dich nicht hetzten, nur weil jemand in dieser Sekunde auf »Senden« geklickt hat.

Erreichbar in der Unerreichbarkeit?

In einem Vortrag erzählte ich jüngst von einigen Deep-Work-Beispiel-Unternehmen und erklärte den Teilnehmern, dass sie in Outlook & Co. prinzipiell das »Pling«, das Kuvert oder das Vorschaufenster abstellen sollten. Als Mini-Maßnahme mit Maxi-Effekt, um nicht ständig unterbrochen zu werden. Also nicht nur während der von mir heißgeliebten und immer wieder empfohlenen Zeit-Inseln für konzentriertes Tun, sondern immer. Da meldete sich ein Teilnehmer und sagte, das ginge bei ihm nicht, weil sein Chef darauf bestünde, auf seine Mails umgehend (!) Antworten zu bekommen.

Ja, das ist ein wunderbares Beispiel, warum wir nicht abschalten – obwohl es uns so guttun würde. Solange es Vorgesetzte gibt, die ständige Erreichbarkeit mit Produktivität verwechseln, so lange werden wir mit unserem Wunsch nach störungsfreiem Arbeiten gegen Windmühlen kämpfen. Solange in Unternehmen physische Anwesenheit mit wertschöpfendem Arbeiten verwechselt wird, so lange werden wir Fleiß vorgaukeln müssen – ohne wirklich etwas zu erschaffen.

Was hast Du zu Aussage 6 im Check zu On-Treiber #1 geantwortet? Geht es Dir wie dem Vortragsteilnehmer? Kein Problem! Denn Du kannst in diesem Fall mit einem Spezial-Tipp gegensteuern. Es gibt in Outlook & Co. sowie auf den Smartphones eine Funktion, mit der Du Dich auf »unerreichbar« setzen und dabei Ausnahmen für bestimmte Absender oder Rufnummern definieren kannst.

Im Smartphone heißt das »Bitte nicht stören«, in Outlook kannst Du eine Regel dafür einrichten, bei welchen Absendern Du über das Eintreffen einer neuen Nachricht informiert wirst.[51] Dann wirst Du zwar von diesen Mails oder Anrufen gestört – aber von den anderen 99 Mails oder Anrufen eben nicht.

Wichtig: Ziel beim Thema »nicht erreichbar sein« nicht auf eine 100-Prozent-Lösung. Das ist unrealistisch. Frag Dich: Was kann ich tun, damit es zumindest ein bisschen besser wird, und freu Dich auch über kleine Veränderungen. Wenn Du es schaffst, zumindest streckenweise weniger bis gar nicht mehr aus dem Tun gerissen zu werden – fein!

Den eigenen Willen stärken

Du findest all die genannten Ideen gut und würdest im Prinzip auch ganz gerne Digital Detox betreiben? Aber Du glaubst, dass Du es nicht schaffst? Dass »irgendetwas« in Dir Dich doch wieder in die digitalen Fußfesseln legt?

Ja, Du hast recht! Wir haben sogenannte »Antreiber« in uns, die unsere eigenen Wünsche immer wieder sabotieren. Lies Dir deshalb in jedem Fall die Impulse zum On-Treiber #6 durch. Das kann Dir helfen, Deine inneren Saboteure zu erkennen und sie so zu zähmen, dass Du tatsächlich frei und selbstbestimmt Deine digitalen Auszeiten legen kannst.

> *»Das Leben war viel einfacher, als ›Apple‹ und*
> *›Blackberry‹ einfach nur Früchte waren.«*
> ALEKSANDER WITH, NORWEGISCHER MUSIKER

Appell an Unternehmen, Politik & Eltern

Internet, Smartphone & Co. sind wunderbare, effektive und effiziente Hilfsmittel, um unseren Alltag zu vereinfachen. Damit wir sie auch dauerhaft gesund nutzen, plädiere ich dafür, dass Fächer wie »Digital Detox« in den Stundenplan der Schulen aufgenommen werden. Und ich rufe Politikern und Eltern zu, die sich ernsthaft gegen ein Handyverbot an Schulen stemmen, weil es die Freiheit der Kinder einschränkt, die unglaubliche Chance zu erkennen, wenn bereits die Kleinsten lernen, dass sie abschalten *dürfen*. Wenn alle in der Clique online sind, da kann man sich als einzelner Schüler nicht ausklinken. Der Gruppenzwang ist einfach zu groß. Wenn aber keiner der Mitschüler von 8 bis 13 Uhr Instagram-Posts oder WhatsApp-Messages schicken kann, dann bringen die Schüler auch später im Arbeitsleben ein ganz anderes Selbstverständnis mit, wie erreichbar sie sein müssen.

Lernen von anderen

Frankreich hat hier mit dem Handyverbot an Schulen im Herbst 2018 vorgelegt. Offensichtlich mit Erfolg, wie eine Reportage in der *Zeit* zeigt: »Nach Jahren der Stille ist es auf dem Schulhof des südfranzösischen Collèges Paul Langevin wieder laut. Am Tag, als die Handys verboten wurden, fingen die Schülerinnen und Schüler wieder an, über den Hof zu rennen, Fangen zu spielen, lauthals zu quatschen.« Davon profitieren auch die Lehrer. »Früher verharrten die Jugendlichen in der Pause bewegungslos über ihren Handyspielen – in der Klasse waren sie dann kribbelig und unkonzentriert«, sagt der Schulleiter des Collèges, Eric Claussen, in der *Zeit*-Reportage.[52]

Auch viele Unternehmen haben bereits erkannt, wie krank und unproduktiv uns die ständige Erreichbarkeit und die nicht abreißende Info-Flut machen. Sie treten dem »On«-Wahn mit strukturellen Grenzen entgegen, richten E-Mail-freie Tage ein, stellen klare Regeln auf oder drehen radikal nachts oder an den Wochenenden den Firmen-E-Mail-Server ab. Das bedeutet nicht, dass sie den Mitarbeitern nicht trauen oder dass sie sie bevormunden wollen. Nein, es bedeutet, dass sie ihre Fürsorgepflicht als Arbeitgeber ernst nehmen und ihren Mitarbeitern einen Rahmen schaffen, gesund und gelassen mit den Gadgets umzugehen.

Unternehmer und Führungskräfte: Schafft klare Absprachen für alle Eure Kommunikationskanäle. Auch wenn es zunächst schwierig erscheint, aber alle (!) meiner Firmenkunden konnten ihren Mitarbeitern eine deutliche Entlastung verschaffen, nachdem sie das Thema »Lass Mal Alles Aus« aktiv angepackt haben.

Lasst Euch für Eure eigenen Maßnahmen von Beispielen aus anderen Unternehmen inspirieren.

- Volkswagen verhängte 2011 eine strikte E-Mail-Sperre nach Feierabend für Tarifbeschäftigte mit einem Dienst-Smartphone. Die Geräte von VW-Mitarbeitern können seitdem von 18.15 Uhr bis 7 Uhr morgens keine Mails mehr empfangen.
- BMW führte ein, dass die Zeiten der mobilen Erreichbarkeit explizit mit den Vorgesetzten vereinbart werden.
- Continental schuf einen Leitfaden, der freistellt, wann wer wie erreichbar sein möchte, und Tipps gibt, um besser abzuschalten: Mitarbeiter dürfen beispielsweise Filter bei Telefonanrufen oder Mails einsetzen, klare »Off-Zeiten« definieren und transparent allen Kollegen und Vorgesetzten mitteilen.
- Mitarbeiter des Autobauers Daimler können seit 2013 E-Mails während ihrer Abwesenheit automatisch löschen lassen. Der Betriebsrat hat die Regelung zusammen mit der Unternehmensleitung verabschiedet. Über die Löschung informiert der Abwesenheits-Assistent (»Vielen Dank für Ihre Mail, die mich in meiner Urlaubszeit erreicht. Bitte beachten Sie, dass Ihre Mail deshalb gelöscht wird. Sollte es etwas Wichtiges sein, dann mailen Sie mir bitte nach dem 23. März Ihr Schreiben erneut.«)

- Mailfreier Freitag: Wer bei CP Corporate Planning an einem Freitag mit einem Kollegen sprechen möchte, nutzt dafür keine Mail. Denn freitags läuft in dem Unternehmen alles unter dem Motto: persönliches Gespräch statt unpersönlicher E-Mail.
- Einmal die Woche herrscht bei allen Mitarbeitern der Leipold Group Funkstille. Dann sind Anrufe umgeleitet, der Mail-Account auf offline gestellt und die Türen zu den Büros verschlossen. »Stille Stunde« heißt das in Wolfach.
- Der Berliner Matratzen-Hersteller Casper schuf im Januar 2018 – inspiriert von den »Großen« in Silicon Valley – einen digitalen »Fastenmonat«. Genervt von Meetings, die endlos dauerten, weil die Mitarbeiter einfach nicht zuhörten, sondern nach wenigen Minuten via Smartphone abtauchten, schob der Chef dem einen Riegel vor. Auch außerhalb der Meeingräume verzichteten die Mitarbeiter stundenweise auf die »digitale Dröhnung, die hier der Normalzustand ist«, und gingen während der Arbeit in den »Flugmodus«. Zugleich verzichteten die Digital Natives auf Gummibärchen und Schokoriegel. Fazit: Experiment gelungen – Fortsetzung folgt.[53]

Meetings effektiver machen: Abschalten

Schafft auch Absprachen in puncto Meetings und mobile Geräte. Rund 40 Prozent der Meeting-Teilnehmer scheinen sich nämlich zu langweilen und daddeln dann lieber auf ihren Smartphones herum. Sie schicken SMS und WhatsApp-Texte, lesen Online-Nachrichten oder tummeln sich in den sozialen Netzwerken.[54] Über ein Viertel der Personen, die

Smartphones in Meetings nutzen, spielen Spiele, sechs Prozent kaufen online ein.

Manchen behaupten zwar, sie würden »nur schnell mal« geschäftliche Fragen klären, und fühlen sich damit produktiv und effizient. Aber erinnert Euch: Wir können einfach nicht multitasken – auch wenn wir das glauben.

Macht zum einen Meetings per se effektiver und interessanter und verbannt dann in einem kollegialen Beschluss Smartphones & Co. aus den Besprechungsräumen. Manche Unternehmen haben vor dem Besprechungsraum eine »Handy-Tankstelle« eingerichtet, in der die Geräte deponiert werden können. Andere haben »Handy-Stopp«-Schilder an der Konferenzraum-Tür sowie in den Räumen aufgehängt. Die US-Regierung unter Präsident Barack Obama versah seinerzeit alle Telefone während einer Kabinettssitzung mit Namensaufklebern und sammelte sie ein.

Bleiben Smartphones außer Sichtweite, erhöht Ihr damit schon mal die Konzentration um rund 26 Prozent. Packt Laptops und Tablets – sofern sie nicht für das Meeting zwingend erforderlich sind – ebenfalls weg. Werden sie benötigt, so kappt zumindest WLAN und mobile Daten.

Ermahnt Mitarbeiter, die sich trotz Absprache in die digitale Welt verabschieden, und vereinbart gemeinsam Strafen, wenn sich doch einer dem Verbot entzieht. Auch – oder gerade dann –, wenn es die Vorgesetzten sind. Halten sich verstärkt die Kollegen nicht an die neue Regel, dann habt den Mut, ein Meeting auch mal ergebnislos abzubrechen. Denn dies ist auch eine Frage von gegenseitigem Respekt und Wertschätzung.

Produktivität erhöhen: Vorsicht vor »One fits all«-Lösungen

Besprecht in den Teams, wie Ihr mit Digital Detox generell an den Arbeitsplätzen umgehen wollt. Auch wenn ein Handyverbot hilft, die Produktivität in der Regel zu erhöhen, so mag eine generelle »One fits all«-Lösung mehr Probleme und Konflikte hervorbringen, als die neue Ansage lösen will.

Habt Ihr Mitarbeiter und Kollegen, die eh bereits eine sehr hohe Selbstkontrolle haben und sich selbst nur selten aus ihrer jeweiligen Tätigkeit reißen, die auch nur selten von ihren digitalen Geräten gestört werden, dann wirkt ein Verbot kontraproduktiv. Gerade wenn es auch Menschen sind, die sehr eigenständig arbeiten, die einen hohen Grad an Selbstbestimmung schätzen, dann braucht Ihr keine starren Regeln.

Wenn Regeln und eine verbindliche »Off-Policy« allen den Rücken stärken und helfen, sich leichter abgrenzen zu können, dann probiert Digital Detox eine Experimentier-Phase lang aus. Und wenn es funktioniert: Bleibt dabei.

 **Fazit:** *Unsere vielfältigen digitalen Geräte und die damit offenen Möglichkeiten ziehen häufig digitalen Burn-out nach sich. Mal alles auslassen ist der Schlüssel für einen gesunden Alltag.*

On-Treiber #3:
Work-Life-Blending

Lass Mal Alles Aus – das ist besonders schwierig bei den Menschen, bei denen Arbeit und Freizeit verschmelzen. Work-Life-Blending (aus dem englischen »to blend« = mischen) nennen wir es, wenn Berufstätige alle paar Momente zwischen Job und Privatleben hin und her switchen, wenn sie im Bett an Meetings teilnehmen, dann die Kinder in die Schule bringen und weiter ins Büro fahren, wenn sie mittags zum Friseur gehen und dafür abends wieder bis spät am Laptop sitzen.

Ein Modell für jeden? Natürlich hängt es stark von Deinem Arbeitsfeld ab, ob so ein Mix überhaupt möglich ist. Für zahlreiche Tätigkeiten scheitert die Idee schlichtweg daran, dass der Beruf das nicht hergibt. Ein Maurer kann ja schlecht im Homeoffice Wände bauen oder ein Lokführer in den Zug einsteigen, wenn er gerade den Abwasch fertig hat. Prädestiniert für dieses Arbeitsmodell sind Tätigkeiten, bei denen keine starren Erreichbarkeitszeiten einzuhalten sind und deren »Handwerkszeug« aus Bits und Bytes besteht: Wissensarbeiter, kreative oder technologische Berufe, kaufmännisch Tätige oder Chefs von virtuellen Teams.

Freiberufler und Solo-Unternehmer mit Homeoffice kennen schon lange die Vorteile, aber auch die enormen Nachteile, wenn Arbeit und Privatleben keine echte Grenze mehr haben. Jetzt kommt das Modell auch zu Angestellten und Führungskräften in die großen Unternehmen. Manche wollen das auch, und genießen es. Wie ist das bei Dir?

Der Check: Dein Work-Life-Szenario

		Trifft eher zu	Trifft eher nicht zu
1	Ich habe im Prinzip keine festen Zeiten, zu denen ich arbeiten muss. Und entsprechend verlaufen meine Tage.	○	○
2	Ich kann eigentlich überall auf dieser Welt arbeiten – im Café, am See, am Flughafen, am Schreibtisch. Und das nutze ich auch.	○	○
3	Ich vermische im Laufe des Tages berufliche und private Aktivitäten. Allerdings habe ich manchmal ein schlechtes Gewissen dabei.	○	○
4	Ich arbeite häufig zu Zeiten, an denen Kollegen frei haben. Allerdings nehme ich mir auch dann nicht frei, wenn ich es eigentlich könnte.	○	○
5	Unterm Strich habe ich das Gefühl, dass ich auf mehr Arbeitszeit pro Woche oder Monat komme, als mein Arbeitsvertrag verlangt oder ich mir als Selbstständiger vorgenommen habe.	○	○
6	Es macht mich glücklich, wenn ich gute Resultate liefere, und dass ich z.B. zu Hause unbeobachtet von Kollegen viel und lange arbeiten kann, ist dabei ein großer Vorteil.	○	○

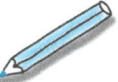

		Trifft eher zu	Trifft eher nicht zu
7	Menschen, die mir persönlich nahestehen, verstehen nur schwer, dass es Arbeit ist, wenn ich z. B. auf dem Balkon mit dem Laptop sitze, und versuchen gerne mal, mir dann Aufgaben zu übertragen, weil ich »ja eh daheim bin«.	◯	◯
8	Einerseits finde ich es cool, so selbstbestimmt meine Zeit einteilen zu können, andererseits lassen mich die Gedanken an meine Aufgaben nie wirklich los.	◯	◯
9	Manchmal beneide ich Berufstätige, die feste Zeiten, feste Arbeitsplätze und klar abgegrenzte Aufgaben haben die und mit dem Heimgehen auch die Arbeit komplett »ausknipsen« können.	◯	◯
10	Mein Arbeitgeber erwartet von mir flexibles und/oder mobiles Arbeiten (Vertrauensarbeitszeit und Vertrauensarbeitsplatz).	◯	◯

New-Work-Happiness
oder Old-Work-Blendwerk?

Hast Du den Check auf der vorherigen Seite gemacht? Und hast Du bei Aussage 1 und 2 »Trifft eher zu« angekreuzt? Willkommen in der Welt der »Work-Life-Blender«, einem Lebensstil, der lange Zeit der kreativen Avantgarde und der digitalen Bohème vorbehalten war. Dass das Modell einen derartigen Siegeszug erlebte, hat es natürlich der Digitalisierung und den mobilen Geräten zu verdanken. Aber auch dem Umstand, dass viele Brötchenverdiener heute örtlich und zeitlich flexibel arbeiten wollen.

Und so mixen immer mehr Menschen Job und Privatleben munter miteinander.

Besonders wenn sie Familie haben und ihren privaten und beruflichen Alltag gelassen unter einen Hut bringen wollen. Oder wenn sie eher zu den Nachteulen zählen, die außerhalb der offiziellen Arbeitszeiten einfach die besten Ideen haben und am produktivsten sind. Oder wenn sie ein Aufgabengebiet haben, das von Singapur bis San Francisco reicht, und sie für Ansprechpartner in mehreren Zeitzonen erreichbar sein müssen.

Auch für Top-Manager ist Work-Life-Blending häufig der beste Weg, einen super Job machen zu können und dennoch ein erfülltes Privatleben zu haben. So wie Tim Lüdke, Global Managing Partner der Personalberatung Heidrick & Struggles, der Job und private Angelegenheiten mixt. »Auf die wichtige Geschäftsreise nach Israel die Tochter mitnehmen? Hat Lüdke schon gemacht. Ein Arbeitstermin am Wochenende in Berlin? Für ihn eine super Gelegenheit, um Freunde zu treffen«, berichtete das *Handelsblatt*, für das ich Ende 2018 die Kalender von Top-Managern wie Lüdke oder adidas-Chef Kasper Rorsted unter die Lupe genommen habe.[55]

56 Prozent der »Remote«-Arbeiter, also derjenigen, die mobil arbeiten können, betrachten es als Vorteil, dass sie im Pyjama mit Blick auf die Kühe auf der Weide arbeiten können statt im Business-Outfit mit Blick auf die Kollegen.[56]

Immer mehr Unternehmen locken deshalb Mitarbeiter mit »flexiblen« Arbeitszeiten, hübschen Work-Life-Blending-Instrumenten wie Vertrauensarbeitszeit und Vertrauensarbeitsplatz. Bei der Telekom in München haben die Mitarbeiter keine eigenen Schreibtische mehr, sondern buchen sich via Intranet am Vortag für einen Tisch nebst Steckplatz für den Laptop ein. Wer früh bucht, sichert sich einen der begehrten Plätze am Fenster, weit weg von Gang oder Türen. Lediglich zweimal pro Woche taucht mancher in den Telekom-Türmen am Ostbahnhof auf, den Rest der Woche arbeitet er im Homeoffice, im Café oder im Park.

> *»Faustregel fürs Arbeiten im Café:*
> *Nie den Barista beleidigen ...«*
>
> DIGITALE BOHÈME

Auch bei Microsoft in München-Schwabing stehen für 1900 Mitarbeiter nur mehr 1100 Schreibtische zur Verfügung. Selbst die Deutschland-Chefin hat keinen eigenen mehr, sondern arbeitet, wo und wann es eben am besten passt.

Doch unbestritten hat die schöne neue Arbeitswelt auch ihre Kehrseite. Klammheimlich weichen diese Modelle nämlich die vor 100 Jahren von Gewerkschaften erkämpften Acht-Stunden-Tage und 40-Stunden-Wochen auf. Sie unterlaufen die gesetzlich fixierten »Ruhezeiten« von elf Stunden zwischen Arbeitsende und Arbeitsbeginn am nächsten Tag.

»Gilt eine geschäftliche Mail um 22 Uhr als Arbeit? Wenn ja, dann müsste der Absender bis 9 Uhr morgens frei haben!« Solche Fragen beschäftigen jetzt auch die Politik, und seit Monaten diskutieren Arbeitgeber und Politiker neue Arbeitszeitgesetze, die den Anforderungen im 21. Jahrhundert angepasst werden sollen. Nicht »mehr arbeiten« heißt dabei die Devise, sondern »anders«.

»Ständig on«: Segen oder Gefahr?

Ob Work-Life-Blending für uns Berufstätige wirklich ein Segen ist oder uns nicht viel mehr in »ständig on« reintreibt, als uns lieb ist, hängt von mehreren Dingen ab.

Zum einen davon, wer letztendlich bestimmt, wann wir arbeiten: wir selbst oder der Arbeitgeber. Wenn Unternehmen zwar zeitflexibles Arbeiten ausloben, dann jedoch von oben bestimmen, dass je nach Auftragslage mal mehr oder mal weniger gearbeitet werden muss, dann ist Work-Life-Blending definitiv ein Blendwerk. Ja, es klingt charmant, wenn Unternehmen agil und schnell auf die Wünsche der Kunden reagieren können. Wenn es allerdings dazu führt, dass sie ihre »Human Resources« je nach Tagesbedarf auslasten oder eben nicht, dann sorgt das bei den meisten Angestellten und Arbeitern nicht für mehr Zufriedenheit. Im Gegenteil. Denn so gestaltest nicht *Du* den Mix aus Job und Privatleben, sondern er wird Dir (unplanbar) diktiert.

Job und Privatleben zu verschmelzen – so verlockend das klingt, es kehrt sich in Stress um, wenn Arbeitgeber den Mix erwarten. Oder wenn der soziale Druck so groß wird, dass wir dieser New-Work-Happiness folgen *müssen,* um nicht als ewig Gestrige zu gelten. Oder wenn die Arbeit uns damit gleich komplett vereinnahmt.

Crunch-Time: Leben in der Arbeit

Vor wenigen Jahren reiste ein Bekannter von mir mit einer politischen Delegation des Wirtschaftsministers ins Silicon Valley und besuchte dort auch »Facebook-City«. Innerhalb des Firmengeländes leben die Mitarbeiter wie in Disneyland, arbeiten in den dortigen Cafés, bekommen dreimal am Tag Sternekoch-Essen frisch zubereitet, gehen ins Fitnesscenter, schauen alle zwei Wochen gemeinsam abends Filme an oder lassen auf dem Campus ihre Klamotten waschen. »Und das alles gratis!«, schwärmte er von diesem »tollen Arbeitgeber« und dem unglaublichen »Spirit«, der die Mitarbeiter beflügle.

Für mich klang das nicht nach Traum-Arbeitgeber, sondern nach kompletter Vereinnahmung der Mitarbeiter und emotionaler Erpressung. Mir ist schon klar, dass sich Unternehmen heute ins Zeug legen müssen, um gute Mitarbeiter zu finden und zu binden – aber wer würde schon auf die Uhr schauen und Dienstschluss machen, wenn Big Boss es doch so gut mit ihm meint?

Kennst Du das Buch »Der Circle«? Nur kurz nach dem Reisebericht des Bekannten las ich diesen Roman – und sah alle meine Befürchtungen bestätigt. Ja, der Roman ist fiktional – aber offenbar nicht weit von der jetzt schon gelebten Realität entfernt. Mit allen Mitteln werden Mitarbeiter motiviert, das Betriebsgelände nicht mehr zu verlassen und sich mit Haut und Haaren für »die Sache« einzubringen.

»Crunch-Time« nannte es die Video-Game-Industrie vor einigen Jahren: eine Zeit, die der Mitarbeiter explizit im Unternehmen leben und arbeiten sollte. Motiviert von all den dortigen Annehmlichkeiten und damit maximal produktiv. Und überhaupt nicht auf die Idee kommend, auch mal nach Hause zu gehen.

Work-Life-Blending erfordert Selbstdisziplin

Work-Life-Blending ist großartig, wenn Du es Dir freiwillig aussuchst und nicht (unbewusst) dazu gezwungen wirst. Work-Life-Blender seien erholter als Berufstätige, die keinen oder kaum Einfluss auf Arbeitszeit und -ort haben, behauptet der jüngste »Bericht der Bundesregierung zu Sicherheit und Gesundheit bei der Arbeit«.[57] Eine Mitarbeiter-Umfrage bei Google – die im Silicon Valley das Work-Life-Blending-Modell lange vorangetrieben haben – brachte ein anderes Ergebnis: Mitarbeiter, die Arbeit und Privatleben trennten (»segmentierten«), schätzten sich als glücklicher ein als die »Integrierer«.[58] Es zeigte sich, dass die Googlerianer eine deutliche Segmentierung von Beruflichem und Privatem wünschten. Die Niederlassung in Dublin rief daraufhin das Projekt »Dublin goes dark« ins Leben, bei dem die Mitarbeiter abends ihre mobilen Geräte im Office abgaben – ein Vorstoß in Richtung Work-Life-Separation.

Denn die Kehrseite des Modells ist: Wer immer und überall arbeiten kann, der braucht einen hohen Grad an Achtsamkeit der eigenen Kraft gegenüber und eine hohe Selbstkontrolle, auch mal alles auszulassen. Sonst schlägt der hohe Freiheitsgrad an Selbstbestimmung schnell in ein Gaukelgeschäft um, in dem wir uns selbst immer mehr ausbeuten.

Manche Menschen haben diese Selbstkontrolle und Achtsamkeit bereits mit der Muttermilch aufgesogen, andere können es lernen. Arbeitsexperte Udo-Ernst Haner vom Fraunhofer-Institut für Arbeitswirtschaft ist überzeugt, es gebe unterschiedliche Generationen »mobiler Arbeiter«. Bei der ersten Generation sei es noch öfter zu Selbstausbeutung gekommen. »Jetzt wächst eine Generation heran, die sich auf die Fahnen schreibt: Ja, ich möchte arbeiten – ich möchte aber auch leben.«[59]

Kannst Du Dich abgrenzen?

Und das bedeutet für Dich, Dir ernsthaft die Frage zu stellen, wie gut Du Dich abgrenzen kannst, wenn es keine externen Grenzen mehr gibt, wie gut Du mit Deinen Kräften haushalten kannst, wenn es keine offiziellen »Off«-Zeiten mehr gibt für Deine Erholung. Wie war das bei unserem Check? Was hast Du bei den Aussagen 3 bis 9 angekreuzt? Kannst Du den Mix aus tiefstem

Herzen genießen? Oder hast Du latent ein schlechtes Gewissen, wenn Du an einem sonnigen Mittwochvormittag Skifahren gehst oder im Sommer zum Badeweiher fährst? Respektieren Deine Mitmenschen Deine »Arbeitszeiten auf dem Balkon« oder ist es ein ständiger Erklärkampf mit dem Ergebnis, dass Du dann doch eher für die anderen da bist und arbeitest, wenn endlich keiner mehr was von Dir will? Arbeitest Du unterm Strich in Summe deutlich mehr als vereinbart, weil das Projekt es eben erfordert oder Dein eigener Leistungswille Dich antreibt? Gehst Du zunehmend über die eigenen Grenzen und gönnst Dir keine Erholzeiten mehr?

Wenn von außen kein »Abschalten« mehr vorgegeben ist durch getrackte Arbeitszeiten oder 9-to-5-Anwesenheitspflichten, dann liegt die Verantwortung bei jedem Einzelnen von uns, souverän mit den eigenen Kräften umzugehen.

Doch leider fällt das vielen Menschen nicht leicht. Mir auch nicht. Seit nunmehr 28 Jahren bin ich selbstständig, zu Beginn mit Büro in der privaten Wohnung, dann halb zu Hause, halb bei meinen Kunden vor Ort, und seit 12 Jahren komplett eigenständig im externen Büro. Für mich war der Schritt raus aus den eigenen vier Wänden die Reißleine, endlich mal Feierabend zu machen und auch die Wochenenden mal als arbeitsfreie Erholzeit zu respektieren. Es senkte den Druck, »schnell noch was zu erledigen«, und somit die Gefahr, in die Dauer-Arbeitsschleife zu geraten.

Die Gefahr von »ständig on« steigt,

- wenn Du ständig unter Zeitdruck stehst, weil Deadlines oder schlicht die Fülle an Aufgaben auf Dir lasten.

- wenn Du Dich für gute Ergebnisse oder einen reibungslosen Ablauf besonders verantwortlich fühlst oder Verantwortung für andere Menschen hast.
- je emotionaler Du Dich bei Deinem täglichen Tun engagierst, je mehr Du brennst für Deine Aufgaben.
- je stärker Dich Deine inneren Antreiber im Griff haben und Du ständig im »Sei stark«-, »Sei nett«- oder »Beeil Dich«-Modus bist (vgl. On-Treiber #6).

Große Gefahr Selbstausbeutung

Und das bedeutet: Je anfälliger Du für einen hohen Workload, schnelle Reaktionszeiten und totales Commitment bist, desto schneller kann Work-Life-Blending Dich in die Knie zwingen. Manche Berufstätige haben diese Gefahr der Selbstausbeutung erkannt, und lassen, so wie Jannis, zum Selbstschutz bewusst den Laptop Freitagmittag im Büro. »Das hat sogar einen Bonus-Effekt«, sagt Jannis. »Denn wenn ich am Wochenende Mails bearbeite und versende, dann sieht mein Chef, dass ich aktiv bin, schreibt mir seinerseits und erwartet dann irgendwann sogar, dass ich am Wochenende parat stehe. Weiß er, dass ich den Laptop gar nicht dabei habe, dann erwartet er auch keine Arbeit von mir.«

Ein Work-Life-Blender braucht sehr viel Disziplin (oder nenn es gerne Selbstliebe mit der Fähigkeit, klare Grenzen zu ziehen), auch mal seine Geräte abzuschalten. Und er braucht sehr viel bessere Methoden, um schnell und zuverlässig den Kopf frei zu bekommen und so in eine echte Erholung zu kommen. Denn sonst führt die letzte Mail abends im Bett lediglich dazu, dass uns die Themen die ganze Nacht verfolgen und wir gerädert am nächsten Morgen aus dem Bett kriechen. Mit dem Ergebnis, dass die vermeintliche Freiheit uns schlaucht, zermürbt und krank macht.

Work-Life-Blender brauchen auch mehr Selbstvertrauen, um souverän Grenzen zu setzen. Denn unser Umfeld akzeptiert manchmal gar nicht, dass wir zwar zu Hause sind (oder im Park, oder im Café ...), aber konzentriert arbeiten wollen. Wir sind physisch anwesend, mit dem Effekt, dass wir doch bitte schön die Pakete der Nachbarn annehmen sollen (»Du bist doch eh daheim!«), den Fliesenleger reinlassen oder einen Blick auf die Nachbarskinder haben sollen. Selbstbestimmung und Freiheit ade!

Das kannst Du tun

Entscheide Dich bewusst, ob Du wirklich Job und Privatleben vermischen willst. Auch wenn Work-Life-Blending heute als »in« gilt – Deine Befindlichkeit ist ausschlaggebend, ob Du es tust oder nicht.

Du weißt nicht, was Du willst? Beobachte Dich ein paar Tage lang, an denen Du jeweils die Modelle lebst, und achte auf Deine Gefühle: Wie gut kannst Du schlafen? Wie aufmerksam bist Du kurz nach dem »Switch«? Hast Du ein gutes Gewissen oder ein schlechtes?

Du willst – oder musst aufgrund Deiner Tätigkeit – zum Blending-Prinzip greifen? Dann erleichtere Dir den beständigen Wechsel mit folgenden Impulsen:

- Schaff Dir arbeitsfreie Zonen (Bett, Esstisch, draußen in der Natur ...).

- Schaff Dir arbeitsfreie Zeiten (z. B. die letzten 30 Minuten vor dem Lichtausmachen, die Zeit vor dem ersten Kaffee ...).
- Schaff in Deinem privaten Umfeld Arbeitszonen (idealerweise Arbeitszimmer, mit Tür), die Deiner Familie deutlich signalisieren: »Ja, ich bin zwar daheim, aber ich arbeite.« Das hilft, Störungen und Stress zu reduzieren.
- Arbeitest Du außerhalb Deiner Zone, vereinbart Zeichen (z. B. Noise-Cancelling-Kopfhörer), um Deine Arbeitsphase zu signalisieren.
- Schreib eine Woche mit (z. B. in Form eines »Adlerfluges«, s. On-Treiber #1), wann Du arbeitest und wann Du Privates erledigst. So siehst Du schwarz auf weiß, wie viel Zeit Du tatsächlich arbeitest. Das ist ein guter Rückenstärker gegenüber Kommentaren von Kollegen oder dem eigenen schlechten Gewissen (»Ich tue tagsüber was Privates«) und Du siehst, wie viel Freizeit Du tatsächlich hast (guter Rückenstärker gegenüber dem Gefühl – oder der Tatsache (!) – »Ich tue immer mehr, als ich eigentlich sollte«).
- Gibt es Stress mit der Familie, weil sich zu viel Job ins Privatleben mischt? Dann sucht gemeinsam nach Lösungen. Unter welchen Umständen oder mit welchen Absprachen kommen Deine Lieben leichter damit klar, dass Du in der Freizeit immer wieder zwischendurch in Arbeitsthemen eintauchst? Wie kannst Du den Eindruck verhindern, dass Du nur halbherzig bei der Familie bist? Wie kannst Du Dich ganz auf die Zeit mit den anderen einlassen?
- Mach Dir klar, dass Work-Life-Blending nicht bedeutet, ständig erreichbar zu sein und sofort alle Anfragen zu beantworten. Es bedeutet, Deine Aktivitäten organisatorisch so zu gestalten, wie es für Dich das Beste ist.

- Entscheide, wie kleinteilig Du Deinen Tagesablauf segmentieren willst. Willst Du ständig zwischen Job und Privatleben switchen? Oder eher in größeren Blöcken?
- Lern gute Methoden, um schnell gedanklich von einem Thema ins andere zu kommen und 100 Prozent bei der Sache zu sein.
- Lern gute Methoden, um mental schnell und sicher abschalten zu können (vgl. On-Treiber #7).

Appell an Unternehmen & Führungskräfte

Ich habe den vergangenen Jahren zahlreiche Unternehmen beobachtet, die herkömmliche Arbeitszeit- und Arbeitsplatzmodelle aufgelöst haben. Die unter dem Schlagwort »agil werden« den täglichen Run auf einen Gemeinschafts-Schreibtisch rühmen, als Maßnahme »eine flexible Denke bei den Mitarbeitern zu fördern«. Die Work-Life-Blending als Erlaubnis sehen, nachts um vier Uhr internationale Telkos abzuhalten. Aber ich habe auch viele Unternehmen beobachtet, und mit einigen gearbeitet, die die schönen neuen technologischen Möglichkeiten zum Wohle der Mitarbeiter nutzen und die einen sehr behutsamen Wandel vollzogen haben.

»Heute kommt nichts mehr.
Also abschalten. Tschüss.«

PETER LUSTIG, MODERATOR

Macht Euch klar, dass es bei »New Work« nicht nur darum geht, ein paar Hundert Schreibtische rauszuwerfen oder Flatrates für ein unternehmensweit kostengünstiges »Dauer-On« Eurer Mitarbeiter zu buchen. Wir sind in puncto Arbeitsplatz- und Arbeitszeitgestaltung tief drin in einem grundsätzlichen Umdenken, das sehr tief in die Unternehmenskultur und in das Selbstverständnis der Mitarbeiter eingreift.

Sucht Euch deshalb (externe) Experten, die diesen Change-Prozess souverän begleiten und helfen – vor allem durch reden, reden und noch mal reden mit den betroffenen Mitarbeitern –, Ängste und Widerstände abzubauen.

Und vereinbart dann klare Regeln oder strukturelle Maßnahmen, die helfen, die Mitarbeiter vor Selbstausbeutung zu schützen. Hierbei sind auch die Impulse aus den beiden vorherigen Kapiteln hilfreich.

Fazit: Work-Life-Blending ist dank Globalisierung und Digitalisierung für viele Menschen heute möglich. Doch die Verschmelzung von Arbeit und Privatleben kann schnell zur Selbstausbeutung führen. Achtsamkeit und selbstbewusstes Grenzen-Setzen ist deshalb wichtiger denn je.

On-Treiber #4:
Tüchtig oder süchtig?

Halt, nicht weiterblättern! Auch wenn Du auf den ersten Blick sagst: »Ich bin doch nicht süchtig!«. Denn dass Dich die Arbeitssucht gepackt hat, merkst Du selbst meist als Letzter. Zwischen Work-Life-Blending und Workaholic ist nämlich nur ein schmaler Grat. Menschen, die geradezu süchtig nach Aktivitäten sind, fühlen sich auch richtig gut. Eine Zeit lang.

So wie Nils. Schon als Schüler trug er mittwochs das Anzeigenblatt aus, jobbte samstags im Getränkemarkt. »Ich war stolz, arbeiten zu gehen. Geldverdienen war dabei nicht wichtig, nein, ich liebte das Gefühl, gebraucht zu werden, nützlich zu sein, und am Ende eines langen, vollen Tages war ich erfüllt.« Während seiner Ausbildung wurde Nils Azubi-Vertreter und Tutor für die Neuen. »Das machte Spaß und gab mir auch einen Grund, abends nicht nach Hause zu müssen, wo meine Eltern ständig stritten.« Schnell wurdeNils befördert, leitete bald ein 18-köpfiges Team, blieb lange im Büro oder nahm sich Arbeit mit nach Hause. All das machte ihm nichts aus, schließlich hatte er keine Partnerin, keine Hobbys, und seine Kumpels tickten ähnlich wie er.

Stress gab es erst, als er sich verliebte und seine Arbeit »schleifen ließ«. Er fühlte sich zerrissen zwischen seinen Ansprüchen an sich selbst im Job und dem Wunsch, für seine Freundin da zu sein. Selbst wenn sie gemeinsam etwas unternahmen, war Nils gedanklich im Büro oder arbeitete heimlich. Er wurde fahrig, nervös, bekam Schlafstörungen.

Und Du? Bist Du anfällig dafür, zu viel zu arbeiten?

Der Check⁶⁰: Workaholic?

		Trifft eher zu	Trifft eher nicht zu
1	Ich übernehme gerne zusätzliche Aufgaben.	◯	◯
2	Häufig arbeite ich länger als geplant, nehme mir gerne Arbeit mit ins Wochenende oder in den Urlaub.	◯	◯
3	Oft bin ich in meiner Freizeit gedanklich komplett abwesend.	◯	◯
4	Ich denke häufig darüber nach, wie ich mir mehr Zeit für die Arbeit verschaffen kann.	◯	◯
5	Wenn ich nicht über Arbeit reden kann, fehlt es mir an Gesprächsthemen.	◯	◯
6	Ich habe auch schon mal heimlich gearbeitet (sodass es meine Familie oder meine Freunde nicht merkten).	◯	◯
7	Ich arbeite in der Regel mehr als 40 Stunden pro Woche.	◯	◯
8	Ich habe manchmal das Gefühl, dass es vielleicht doch nicht so gesund ist, wie viel ich arbeite.	◯	◯
9	Wenn ich nicht arbeite, dann fühle ich eine innere Unruhe.	◯	◯
10	Ich fühle mich für die Ergebnisse meiner Arbeit komplett verantwortlich.	◯	◯

		Trifft eher zu	Trifft eher nicht zu
11	Solange mir die Arbeit Spaß macht, finde ich es in Ordnung, lange zu arbeiten.	◯	◯
12	Meine Hobbys stecke ich häufig zurück, nur um in der Arbeit noch etwas Wichtiges fertig zu bekommen.	◯	◯
13	Ich finde es seltsam, wenn Menschen mehr Wert auf ihre Freizeitaktivitäten legen als auf den Beruf.	◯	◯
14	Mir wurde schon mal gesagt, ich solle beruflich doch mal kürzertreten – aber darauf habe ich nicht gehört.	◯	◯
15	Wenn ich viel leiste, dann fühle ich mich wertvoll und gebraucht.	◯	◯
16	Ich bin häufig ganz froh, viel zu tun zu haben, denn das verhindert, dass ich z. B. privat unangenehme Jobs übernehmen oder zu öden Veranstaltungen gehen muss.	◯	◯
17	Falls ich doch mal frei habe, weiß ich gar nicht, was ich tun soll. Ich falle in ein luftleeres Loch – das ich dann am liebsten schnell wieder mit Arbeiten fülle.	◯	◯

Wenn Arbeit zur Droge wird

Wie oft hast Du im vorherigen Check »Trifft eher zu« ange-kreuzt? Bei mehr als fünf »Trifft eher zu«-Antworten zeigst Du, Experten für Arbeitssucht zufolge, bereits deutliche Anzeichen, dass Du jenseits des gesunden Maßes agierst.

So wie Nils. Eigentlich fühlte er sich immer wohl, war stolz auf sein Pensum, bekam im Job unglaublich positive Rückmel-dungen zu seinen Leistungen und seinem Engagement. Tüchtig zu sein macht zunächst glücklich – unser Gehirn schüttet den Botenstoff Dopamin aus. Aber dann brauchen wir immer mehr von unserer »Droge« Arbeit, um unser Belohnungssystem zu stimulieren, und es setzt ein fataler Prozess ein. Wir müssen die Dosis erhöhen, um uns immer aufs Neue dieses Glücksgefühl zu verschaffen. Ergebnis: Workaholics arbeiten immer mehr (oder pflastern sich mit privaten Aktivitäten voll).

Nils stellte im Coaching fest, dass er längst nicht mehr nur hart arbeitete, sondern süchtig war nach Aktivität. Und dass er mit seinem Pensum einen inneren Schmerz überdeckte. Ein Umstand, der auf all unsere Süchte zutrifft. Egal ob Internet, Shoppen, Alkohol oder eben Arbeit – jede Sucht ist auch eine Flucht aus einer inneren Notlage.

Oft sind Menschen von Arbeitssucht betroffen, die einen hohen Leistungsdruck aus dem Elternhaus kennen (»Nur die Harten kommen in den Garten!«, »Sei der Beste!«) oder die pri-vat unschöne Situationen haben, denen sie entfliehen wollen. Arbeit wird zum Trostpflaster und Ausweg aus der persönlichen Misere. Abschalten ist dann überhaupt keine Option! Denn das würde uns ja Zeit und Raum zum Nachdenken geben – und uns mit der Nase auf unsere Trübsal stoßen.

Bekannte Unternehmenslenker sind Workaholics

Häufig sind bekannte Lenker von einflussreichen Unternehmen wie Apple, Tesla oder Amazon echte Workaholics. Ja, schon klar: »Von nichts kommt nichts!«, hören wir gerne von Menschen, für die Arbeit alles bedeutet. Ja, Workaholics brennen für das, was sie tun, für ihre Visionen, ihre Produkte. Sie preschen mit einem enormen Workload voran und ziehen andere mit. Sie haben extrem hohe Anforderungen an sich und erwarten (offen oder insgeheim) das Gleiche von ihren Leuten.

Tim Cook, Apple-CEO, beginnt um 4:30 Uhr morgens damit, E-Mails zu schreiben, ist immer der Erste und der Letzte im Büro. Gewöhnlich hält er Mitarbeitermeetings am Sonntagabend ab, um den Montag vorzubereiten.[61] Elon Musk, Gründer von Tesla, hasst es, Urlaub zu machen. Er gilt als absolutes Arbeitstier und schwor seine Mitarbeiter 2008, als sich Tesla in Richtung Pleite bewegte, auf Wochenendarbeit ein – so wie er es vorlebte. »Wenn es eine Möglichkeit gäbe, auf Essen zu verzichten, damit ich mehr arbeiten kann, würde ich aufhören zu essen«, soll Musk bereits als junger Kerl zu einer Bekannten gesagt haben.[62] Und auch Jeff Bezos, Gründer von Amazon, soll schon als 29-Jähriger »in der zerknitterten, käsigen Erscheinung des besessenen Workaholics« aufgetreten sein.[63]

Doch irgendwann spüren Workaholics nicht mal mehr, dass der Akku leer ist. Die Sucht breitet eine Art Wahrnehmungsschleier über die eigenen Gefühle und auch über unsere Grundbedürfnisse wie Essen, Trinken oder Schlafen. Das kennst Du vielleicht von Phasen in Deinem Leben, in denen Du völlig aufgehst in dem, was Du tust, in denen Du in den berühmten »Flow« kommst und völlig vergisst zu essen oder zu trinken oder den Bus nach Hause zu nehmen. Workaholics kommen aus dieser »Watte-Welt« gar nicht mehr heraus. Sie werden krank, ihre Beziehungen gehen in die Brüche.

Arbeitssucht-Forscher schätzen, dass bis zu 400.000 Deutsche betroffen sind.[64] Eine Selbsthilfegruppe »Anonyme Arbeitssüchtige«, zehn spezialisierte Kliniken und zahlreiche Psychologen kümmern sich heute um Betroffene, obwohl Workaholismus gar nicht offiziell als Krankheit anerkannt ist.[65]

Arbeit als Lebenselixier?

Lass mal alles aus! Wenn Dir diese Aufforderung albern vorkommt, weil arbeiten Dein Lebenselixier ist – dann nutz dieses Buch, um kritisch über Dich selbst nachzudenken. Denn Arbeitssucht ruiniert nicht nur Dich, sondern – langfristig – auch Deine Beziehungen und Deinen Arbeitsplatz. Denn bereits lange bevor Du komplett ausfällst (Burn-out oder Herzinfarkt), verzetteln sich übermüdete und erschöpfte Workaholics voller Aktionismus in unwichtigen Tätigkeiten, lassen Wichtiges liegen, verzögern Entscheidungen, machen Fehler, lassen Termine platzen. Schnell mutiert so der vermeintlich »beste Mitarbeiter« zum Risiko für den ganzen Betrieb.

Das kannst Du tun

»Workaholic« zu sein ist heute kein Attribut mehr für besonderes Engagement und auch kein Grund mehr zum Loben. Im Gegenteil! Wenn Dein Glück derzeit von ständig »on fire« abhängt, dann ist es bei Dir unbedingt an der Zeit, die Notbremse zu

ziehen! Meist sind Workaholics stark angetrieben von Glaubenssätzen und Überzeugungen, wie beispielsweise »Erst die Arbeit,
dann das Vergnügen!«, »Müßiggang ist aller Laster Anfang«,
»Wenn ich es nicht mache, macht es doch keiner!« und lieben
Wörter wie »Leistung«, »totaler Einsatz«, »verheiratet sein mit
dem Job«, »super belastbar« oder »unersetzlich«. Lies deshalb
im Anschluss nach dem nächsten Kapitel unbedingt auch das
Kapitel #6 zu den Antreibern.

Sanfter Einstieg

Ein klitzekleiner Teil in Dir fühlt sich angesprochen von den letzten Zeilen? Aber noch bist Du nicht bereit zu sehen, dass Dein
Arbeitseifer mehr als »normales« Engagement ist?

Lass Dir Zeit! Lass den kleinen Zweifel in Dir, dass arbeiten
auch anders – leichter – geht, in Dir wachsen. Lass dem kleinen
Gedankensamen Raum, Wurzeln zu schlagen. Denn noch be-
trachtest Du Deinen Einsatz vielleicht als »So muss das doch
sein!«. Noch sträubst Du Dich vielleicht, »ein fauler Sack« zu
werden. Noch ist der Vorteil Deines Tuns einfach riesig: Anerkennung, Lob, gutes Gehalt, tolles Auto und andere Gratifikationen
sind ein prima Motivator weiterzumachen. Und noch dazu
hast Du keinen Stress, über Dich selbst nachdenken zu müssen.
Solange die Vorteile die Nachteile überwiegen, wirst Du nichts
verändern. Warum auch?

Lass den Gedankensamen wurzeln und wachsen. Folgende
Idee kann Dich dabei unterstützen: Setz Dich ans Ufer eines
ruhigen Sees.

Oder stell Dir einen vor. Blick auf das ruhige Gewässer. Nur
für wenige Minuten. Atme tief ein und aus. Denk nun bitte über

folgende Frage nach: Aus welchem Grund wäre es eine gar nicht so schlechte Idee, in der Arbeit mal ein bisschen weniger zu leisten? Nur ein bisschen? Was wäre gut daran?

Deine Antwort ist »Nichts!«? Dann lass noch ein paar Tage vergehen und mach diese Übung dann erneut. Mach Dir dabei klar, dass wir nicht darauf hinarbeiten, dass Du ein »unengagierter, fauler Nichtsnutz« wirst. Denk nicht »schwarz-weiß«, sondern in Schattierungen zwischen beiden Extremen.

Dir kommen Ideen? Du könntest endlich wieder Dein Rennrad aus dem Keller holen und eine Runde drehen? Du könnest endlich mal wieder durchschlafen? Du hast so eine leise Ahnung, dass da draußen in der Welt noch viele spannende Dinge auf Dich warten, die nichts mit Arbeit zu tun haben?

Lass die Antworten, die in Dir aufsteigen, sacken. Und wenn Du nach einiger Zeit einen zarten Impuls verspürst, dass es sich vielleicht tatsächlich lohnen könnte, über dieses Thema genauer nachzudenken und etwas zu verändern, dann geh den nächsten Schritt. Such Dir dafür einen guten Coach, der Dich auf diesem Weg unterstützt.[66] Oder coach Dich selbst. Einen Coachingleitfaden, der Dich dabei Schritt für Schritt unterstützt, findest Du in Deinem Workbook unter www.gehtjadoch.com/abschalten.

»Work smarter, not harder!«

BONMOT DER CLEVEREN

Im Kern geht es bei diesem Selbst-Coaching darum, dass Du zuerst lernst, Deinen inneren Antrieb zu Deinen Höchstleistungen besser zu erkennen, und dann schrittweise neue Aktivitäten in Deinen Alltag bringst, die Dir das gleiche positive Gefühl verschaffen. Der Leitfaden unterstützt Dich weiter, Dein gewünschtes neues Verhalten in den Alltag zu integrieren und langfristig am Ball zu bleiben. Also hol Dir Dein Workbook und leg los.

Appell an Unternehmen & Führungskräfte

Wenn Berufstätige Workaholics werden, hat das viel mit deren intrinsischer Motivation und schädlichen Antreibern (Flucht vor innerer Leere, Flucht vor unangenehmen Situationen) zu tun. Aber leider wird Arbeitssucht auch von vielen Unternehmen und Vorgesetzten (unbewusst) gefördert. Dann nämlich, wenn ein hoher Workload als völlig selbstverständlich gilt, wenn sich eine Kultur der Alpha-Männchen einbürgert, in der sich ständig übertrumpft wird, wie viel man schafft und wie wenig Schlaf man braucht, wenn ständig diejenigen gelobt werden vor versammelter Mannschaft, die über-erfüllen. Vor allem in einem sehr leistungs- und konkurrenzorientierten Milieu hat Arbeitssucht einen perfekten Nährboden, um zu gedeihen.

Leider ist die Trennlinie zwischen motiviertem Engagement und Sucht sehr dünn. Klar wünschen sich Unternehmen engagierte Mitarbeiter, die für die Sache brennen. Doch wer in die Sucht abgleitet, der schadet. Nicht nur, weil Workaholics irgendwann komplett ausfallen, sondern weil sie mit ihrer Ungeduld, ihrer schwindenden Konzentrationsfähigkeit und ihrem fehlenden Teamplay auch die Leistung der Kollegen mindern.

Mir ist klar, dass die folgenden Appelle in den Ohren vieler Berufstätiger wie Hohn klingen müssen. Denn sie erleben täglich, dass eben DAS genau nicht stattfindet. Gott sei Dank gibt es aber genügend Unternehmen, die begriffen haben, dass langjährige, gesunde Mitarbeiter besser für den Unternehmenserfolg sind als Wunderkerzen, die schnell verglühen.

Deshalb:

- Behaltet Eure Leistungsträger gut im Blick, und bremst auch mal bei zu großem Arbeitseifer.
- Etabliert im Unternehmen klare Regeln für Ausgleich und Erholzeiten, an die sich alle halten müssen.
- Sanktioniert ständiges Überschreiten des Arbeitspensums, indem nicht die »Fleißigsten« befördert oder gelobt werden, sondern diejenigen Mitarbeiter, die souverän und sorgsam mit den eigenen Kräften umgehen.
- Macht klar, dass Arbeitsschutzgesetze nicht zum Spaß eingeführt wurden und dass Ihr Eure Fürsorgepflicht als Arbeitgeber ernst nehmt.
- Ermuntert zu regelmäßigen Pausen, und schimpft, wenn diese nicht genommen werden.
- Fordert Überstunden oder Work-Life-Blending nur in Ausnahmefällen ein.
- Hört auf, den umtriebigsten Mitarbeiter zum »Mitarbeiter des Monats« zu küren oder den »Besten Verkäufer« anhand der Zahlen zu ernennen. Ja, das sind sportliche Anreize – die aber genau zu übertriebenem Einsatz führen können.

- Formuliert klare Leitlinien, wann Aufgaben delegiert werden dürfen bzw. müssen.
- Leitet die Führungskräfte an, mit gutem Beispiel in puncto »gesund produktiv« voranzugehen
- Gebt klare Vorstellungen in puncto Ziele und Visionen weiter, damit die Mitarbeiter gut die eigenen Aufgaben priorisieren können.
- Fordert Eure Mitarbeiter (z. B. mit Jahreszielen), aber überfordert sie nicht.

Fazit: *Wer süchtig nach Arbeit oder Aktivität ist, kann und will gar nicht abschalten. Das Gefühl, gebraucht zu werden, nützlich zu sein, etwas zu bewegen, übertüncht dabei die Schreie von Körper und Seele nach Ausgleich. Liebevoll-kritische Selbstbetrachtung und ein Schritt-für-Schritt-Coaching ebnen den Weg aus dieser Falle.*

On-Treiber #5: Pausenlos im Einsatz?

»Die besten Ideen haben wir, wenn wir eine Pause machen.« Diesen Spruch verteile ich seit Jahren auf Postkarten. Lange habe ich ihn selbst nicht geglaubt. Ich war ständig »on«, ständig am Arbeiten, Organisieren, Wuseln. Wenn nicht für den Job, dann für meine zahlreichen Ehrenämter und Aktivitäten im privaten Alltag.

Nichts tun? Faul sein? Fehlanzeige! Obwohl ich ständig müde war, obwohl ich chronische Schmerzen hatte. Leidenschaftlich peitschte ich mich zu Höchstleistungen an, und die Aussage anderer Menschen »Boah, Cordula, wie schaffst Du das alles nur?« war goldener Glockenklang in meinen Ohren.

Ich liebte meine Arbeit, ich liebte mein Engagement, ich liebte die Anerkennung. Bis eines Tages mein Körper schlappmachte und mich aus dem laufenden Galopp warf.

Bandscheibenvorfall. Lähmung linker Arm. Aus.

Mühsam lernte ich, auch mal Pausen zu machen. Und zwar Pausen mit einem guten Gewissen! Nicht nur heimlich ins Wellness-Bad zu gehen und zu hoffen, es sieht mich keiner – schließlich hatte ich ja Job und Familie! Nicht nur »schnell« ins Fitnesscenter zu fahren, im Nacken die unaufgeräumte Küche daheim, den ungemähten Rasen bei meiner Mutter oder die Buchhaltung im Büro. Nein, mir Auszeiten zu nehmen mit Genuss und Freude, das war ein echter Lernprozess.

Und ich weiß, mit meinem schlechten Gewissen war und bin ich nicht alleine. »Pause-Machen« ist längst zum gesellschaftlichen und philosophischen Diskussionsthema geworden. Nichtstun wird von den einen gehypt als das neue Elixier und als Jungbrunnen, von den anderen gehasst als Drückeberger-Mentalität. Wie ist das bei Dir?

Der Check: Pausen

		Trifft eher zu	Trifft eher nicht zu
1	Ich fühle mich tagsüber oft müde, antriebslos.	◯	◯
2	Oft bringen mich nur viel Koffein und wenn ich mir selbst gut zurede durch die Aufgaben des Tages.	◯	◯
3	Am Wochenende habe ich häufig Kopfschmerzen, Migräne oder fühle mich irgendwie kränklich.	◯	◯
4	Häufig bin ich zu Beginn meines Urlaubs krank, erkältet oder Ähnliches.	◯	◯
5	Ich werde derzeit schnell ungeduldig und nervös.	◯	◯
6	Meine Aufgaben oder das Nachdenken darüber beschäftigen mich bis spät in den Abend und begleiten mich im Schlaf.	◯	◯
7	Mein derzeitiges Pensum erlaubt es nicht, mir Zeit für Nichtstun, meine Hobbys oder ein Treffen mit Freunden zu nehmen.	◯	◯

		Trifft eher zu	Trifft eher nicht zu
8	Abends trinke ich gerne Alkohol, um endlich abschalten zu können.	◯	◯
9	An meinem Arbeitsplatz ist es nicht üblich, Pausen zu machen. Selbst in der Mittagspause geht es um Job-Themen.	◯	◯
10	In meiner Familie herrscht unausgesprochen ein hoher Leistungsgedanke. Mal nichts tun, das kenne ich eigentlich gar nicht.	◯	◯
11	Ich mache derzeit mehr Fehler als gewohnt, muss manche Dinge nacharbeiten oder brauche lange, bis ich auf Lösungen komme.	◯	◯
12	Im Dunkeln oder bei gleichförmigen Geräuschen klappen mir gerne mal die Augen zu, z. B. im dunklen Kino oder in der S-Bahn.	◯	◯
13	Andere Menschen sagen mir, ich schaue zurzeit müde und erschöpft aus.	◯	◯
14	Derzeit bin ich irgendwie nicht mehr motiviert, mir fehlt die Zugkraft und Entscheidungsfreude.	◯	◯
15	Ich schlafe (ohne Hilfsmittel) schlecht ein und schlecht durch.	◯	◯
16	An meinem Arbeitsplatz fühle ich mich ständig beobachtet, und ich habe ein schlechtes Gewissen, wenn ich nicht beschäftigt wirke.	◯	◯
17	An meinem Arbeitsplatz gilt Pause machen als Faulenzertum.	◯	◯

Pausen? Spar ich mir!

Arbeitsschutz hin oder her, viele Berufstätige, mit denen ich in meinen Seminaren und Coachings arbeite, haben ein schlechtes Gewissen, Pausen zu machen, trauen sich kaum, pünktlich in den Feierabend zu gehen oder in der Freizeit das Handy auszuschalten. Zu groß ist die Angst vor negativen Konsequenzen, zu groß die Bedenken, nicht als »engagiert« zu gelten.

Lediglich 37 Prozent der deutschen Arbeitnehmer machen derzeit regelmäßig Mittags- oder Erholungspausen. Besonders jüngere Beschäftigte arbeiten oft durch, da sie sonst ihr Arbeitspensum nicht schaffen würden. 40 Prozent machen weniger als die vorgesehenen 30 Minuten Pause am Tag und jeder Dritte versucht, sogar während dieser Erholungszeit parallel noch Geschäftliches zu besprechen, oder nutzt die Zeit, um private Besorgungen zu machen.[67]

Produktiv Pausen machen

Wie ist das bei Dir? Was hast Du bei Aussage 9, 16 und 17 angekreuzt? Gelten Pausen bei Euch als »faulenzen«, oder *glaubst* Du, dass Pausen unproduktiv sind? Das Gegenteil ist der Fall! Längst wissen wir, dass es genau die Pausen sind, die uns produktiv und leistungsfähig machen. So wie Sportler nach einer aktiven Trainingseinheit Ruhepausen brauchen, damit ihre Leistung steigt, so ist es auch bei uns. Mittlerweile geben sogar Fitness-Apps nach einem Lauf oder einer intensiven Trainingseinheit Erhol- und Regenerationszeiten vor, damit die Leistung des Sportlers insgesamt steigen kann.

»Entspannung ist ein wesentlicher Bestandteil von Kraft.«

GEORGE LEONARD,
US-AMERIKANISCHER SCHRIFTSTELLER

Und ebenso ist es auch in unserem normalen Alltag. Wer keine Erholphasen nimmt, der schraubt seine Leistungsfähigkeit in den Keller. Chronobiologen, die sich mit der Auswirkung von Zeit auf unseren Körper beschäftigen, haben entdeckt, dass wir rund alle 70 Minuten eine Pause brauchen. Wer ständig über diesen Tiefpunkt hinwegarbeitet, wird automatisch langsamer, macht mehr Fehler – und muss die vermeintlich »gesparte« Zeit dann fürs Nacharbeiten einsetzen. Sinnvoll arbeiten geht anders!

Die Macher der Zeiterfassungs-App »desktime« haben jüngst genauer hingeschaut. Ihr Ergebnis einer Mitarbeiter-Beobachtung: Wer nach 52 Minuten konzentriertem Arbeiten 17 Minuten Pause gemacht hat, der war deutlich produktiver als die Kollegen.[68] Allerdings galt das nur für diejenigen, die echte Pausen machten. Also wer nicht am Schreibtisch herumkramte, im Internet surfte oder sich mit Kollegen über Job-Themen unterhielt. Nein, die Produktiven gingen spazieren, lasen etwas Fachfremdes oder aßen in einem anderen Raum. Und warum waren sie produktiver? »Der Arbeitsrhythmus 52/17 entspricht am ehesten der natürlichen Arbeitsweise des menschlichen Gehirns, das Phasen hoher Konzentration und Regenerationsphasen abwechselt. Nach rund einer Stunde ermüdet das Gehirn und die Leistung nimmt ab«, so die Erklärung. Pausen machen hat nichts mit »Drückeberger« zu tun, sondern entspricht schlicht und ergreifend unserer Biologie.

Pausen halten gesund

Wer mit vielen Pausen die Arbeit strukturiert, schafft also nicht nur mehr, sondern kann auch in der Freizeit deutlich besser abschalten und Kraft tanken. Menschen mit einer soliden Grunderholung werden an den Wochenenden und im Urlaub weniger krank und leiden nicht an der »Leisure Sickness«, mit Kopfweh, Schnupfen oder Depressionen.[69] Ja, vielleicht hast Du Dich schon mal gewundert, dass Du krank wirst, wenn Du frei hast (vgl. Check Aussage 3 und 4). Der Grund für diese »Freizeitkrankheit« ist, dass Stress die Immunabwehr unterdrückt, und wir gesund sind, solange wir unter Druck stehen. Sinkt in der Entspannung der Cortisolpegel im Blut (das Stresshormon), dann schickt das Immunsystem seine Abwehrtruppen los – und die Nase fängt zu laufen an. Machen wir hingegen regelmäßig Pausen, dann haben wir eine höhere Grunderholung und können die Achterbahnfahrt beenden.

Je intelligenter, desto »fauler«

Interessanterweise verbringen intelligente Menschen sogar deutlich mehr Zeit damit, »faul herumzuliegen« als aktiv zu sein, fanden Forscher der Florida Gulf Coast University heraus. Der Grund: Menschen mit einem hohen IQ seien nicht so schnell gelangweilt und liebten es, einfach vor sich hinzudenken, anstatt das Gehirn mit externen Aktivitäten wie etwa Sport zu reizen. Weniger intelligente Menschen brauchten externe Stimuli, weil das Gehirn sonst zu schnell gelangweilt sei.[70]

Seit ich deutlich mehr Pausen mache, ist mein Output und auch mein (finanzieller) Erfolg massiv gestiegen. Vermutlich bei mir allerdings nicht, weil ich besonders intelligent bin (leider), sondern weil ich entspannt einfach bessere Leistungen erbringe, schneller arbeiten kann (z.B. konzentriert Bücher schreiben) und wacher bin. Die Zeit, die wir vermeintlich mit Pausen »verdödeln«, holen wir zigfach wieder rein.

Das kannst Du tun

Mach Dir zunächst klar, ob Du auch wie so viele andere immer denkst, Du kannst es Dir nicht leisten, Pausen zu machen, weil Dir all die unerledigten Aufgaben und der Termindruck im Nacken sitzen. Beobachte Dich in Deinem pausenlosen Tun, und nimm selbstkritisch wahr, wie genervt Du bist, wie viele Fehler Du machst und wie viel Zeit draufgeht, diese Fehler wieder auszubügeln (siehe dazu auch Deine Angaben im Check). Und dreh dann den obigen Satz um in: »Ich kann es mir nicht leisten, *keine* Pausen zu machen.«

Nimm die Erkenntnisse der Chronobiologen sowie die Beobachtungen von »desktime« ernst und mach rund alle volle Stunde eine Pause. Du glaubst, Du brauchst das nicht? Weil Du doch echt belastbar bist? Und schon immer viel gerissen hast? Wenn das wirklich so ist, dann ändere tatsächlich nichts! Es gibt Menschen, die gerne als Hochgeschwindigkeitszug durchs Leben rauschen und die eine hohe Grundtaktung brauchen, um leistungsfähig zu sein. Wenn Du aber derzeit gerade oft müde bist, schlecht schläfst, Dich mit Alkohol runterholen musst, im Kino oder in langweiligen Besprechungen mit der

Müdigkeit kämpfst, wenn Du Dich unmotiviert fühlst und vielleicht auch erschöpft aussiehst (siehe dazu Deine Angaben im Check), geh mal Deinen Antreibern auf den Grund. Was bringt Dich innerlich in ein höheres Pensum rein, als Dir offenbar guttut? Und jetzt sag nicht: »Ich habe halt gerade viel zu tun, das wird auch wieder anders.«

Viele meiner Klienten hievten sich mit diesen Parolen durch die Wochen, immer mit dem Blick auf das Licht am Ende des Tunnels. Nur um festzustellen, da ist bereits der nächste Hochgeschwindigkeitszug im Anrasen. Sie konnten sich endlich Pausen gönnen, als sie ihre inneren Saboteure erkannt und gezähmt haben. Gönn auch Du Dir diesen Blick auf Deine inneren On-Treiber – und schaff so eine fruchtbare Basis für Dein persönliches Off-Level (vgl. On-Treiber #6).

Beginn dann, echte Pausen in Deinen Alltag zu holen.

Pausen im Tagesverlauf

- Fang mit Mini-Pausen an: Mach rund alle 50 bis 70 Minuten drei Minuten lang das Fenster auf, atme tief durch. Hol Dir einen frischen Kaffee und trinke ihn mit Genuss. Vielleicht mit Blick aus dem Fenster – in die Ferne? Das entspannt auch ganz wunderbar Deine Augen, wenn Du viel am Bildschirm arbeitest.
- Kombiniere die Mini-Pausen mit der Idee der Fokus-Zeit (vgl. On-Treiber #1).
- Wenn es Dir nicht zu stark strukturiert ist, dann kannst Du dabei der Pomodoro-Technik folgen, einem Vorgehen, das der Italiener Francesco Cirillo während seines Studiums in den Achtzigerjahren »erfand«, als er von seiner ständigen

Trödelei genervt war. Er nahm sich vor, 25 Minuten konzentriert zu arbeiten (das ist kurz genug, um nicht zu trödeln, und lange genug, um etwas zu schaffen) und dann fünf Minuten Pause zu machen. Die Zeit stoppte er mit einem Küchenwecker in Form einer Tomate (italienisch: pomodoro). Und auch bei ihm heißt Pause Pause. Keine Telefonate, Mails oder Jobgespräche. »Atme, meditiere, hole dir eine Tasse Kaffee, mach einen kleinen Spaziergang oder tu etwas anderes Entspannendes (was nichts mit der Arbeit zu tun hat). Dein Gehirn wird es dir später danken«, erklärt Cirillo auf seiner Webseite.[71]

- Mach nach vier »Tomaten« – spätestens mittags – eine größere Pause, in der Du Dich komplett körperlich und gedanklich ausklinkst. Geh raus an die frische Luft, iss in Ruhe, schalt alles ab. Auch Dein Smartphone.

- Frag Dich jetzt sofort: »Welche der für heute geplanten Aufgaben kann ich getrost streichen oder schneller (weniger perfekt?) erledigen?« Nimm die »gewonnene« Zeit und verbring sie mit etwas Erholsamem.

- Trag Dir längere Pausenzeiten (Mittag!) gerne als Termin in Deinen Kalender ein. Alles, was wir aufschreiben, hat eine höhere Verbindlichkeit als das, was wir lediglich im Kopf haben. Eingetragene Termine akzeptiert unser Unterbewusstsein eher als dringend. Sind Eure Kalender vernetzt, dann schützen Dich Zeit-Inseln für Pausen auch davor, dass Kollegen ungefragt Termine dort eintragen. Ein Seminarteilnehmer erzählte mir mal, dass er in Outlook für jeden Wochentag einen Serientermin »Vesper« eingetragen habe – Laufzeit bis 2030, denn da gehe er in Rente.

- Mach Dir Pausen zur Gewohnheit. Such Dir Gleichgesinnte und ermuntert Euch gegenseitig, jetzt auch wirklich zu gehen.
- Verlass in den (unbezahlten) Mittagspausen unbedingt den Arbeitsplatz. Denn sonst ist es sehr verführerisch, doch »schnell« was zu machen, oder Du bist für Kollegen und »kurze« Fragen erreichbar.
- Denk in den Pausen nicht darüber nach, was Du noch alles machen musst. Ja, notier dringende Aufgaben, die Dir ungewollt durch den Kopf schießen, in Deiner Reisenden To-do-Sammlung (vgl. On-Treiber #7), aber denk nicht bewusst darüber nach. Träum lieber von schönen Dingen.
- Wenn Du Deine Pausen mit anderen Menschen verbringst, dann vereinbart, dass Ihr nicht über Geschäftliches redet, auch nicht über Probleme und Sorgen. Ich war vor einiger Zeit mit zwei Freundinnen in einem Hammam, und der Hammam-Meister sagte uns, wir dürften über alles reden, nur nicht über Geld, Gewicht und Probleme. Noch nie war ich nach einer Auszeit so erholt – die Wirkung war unglaublich. Einfach, aber genial!
- Sei achtsam, wie gut entspanntes Essen für Dich ist. Ja, es gibt Menschen, die brauchen tagsüber nichts. Einige brauchen auch kein Frühstück. Im Ayurveda kennt man drei Konstitutionstypen: Kapha, Vata und Pita. Wenn Du laut Ayurveda-Lehre eher der Kapha-Typ bist, dann kannst Du problemlos auf ein Frühstück oder Mittagessen verzichten, während ich als Vata-Pita-Typ ohne regelmäßiges Essen nicht mehr zu ertragen bin.
- Gönn Dir wann immer möglich tagsüber ein Nickerchen, einen Powernap, der idealerweise nicht länger als 20 Mi-

nuten dauert. Wer länger schläft, kommt in die Tiefschlaf-
phase – und dann sind wir danach gerädert. Erhöh die
Wirkung Deines Powernaps, indem Du davor (!) einen
Espresso trinkst oder Dir danach (!) das Gesicht wäschst.
Beides hält uns im Laufe des Nachmittags wacher, wie eine
Studie zeigte.[72]

Pausen im Wochenverlauf

Laut Arbeitsschutzgesetz müssen zwischen unseren Arbeitsein-
sätzen elf Stunden echte Pause liegen. Für die meisten von uns
ist das Utopie, denn auch wenn wir nicht »arbeiten-arbeiten«,
so haben wir doch genügend private Verpflichtungen an der
Backe, die ja auch Kraft kosten: Steuererklärung machen, neuen
Handyvertrag suchen, Kreditkarte kündigen, einkaufen, putzen,
Schnee räumen, Unkraut jäten, mit dem Partner streiten, die
Kinder erziehen, zum Elternabend gehen – die Flut der To-dos
reißt auch in der »Freizeit« (hahaha!) nicht ab. Und je kleiner
unsere Kinder sind, desto eingespannter sind wir da ja auch.

Es ist ein Trugschluss zu denken, Zeit, die wir nicht arbeiten, sei »freie« Zeit. Und damit automatisch Pause. Nein! Und
deshalb darfst Du auch im Verlauf einer Woche und auch im
Verlaufe eines Jahres mal genauer hinschauen, wann Du Dir
echte (!) Auszeiten nehmen willst, um tatsächlich mal Zeit für
Dich, zum Erholen, zu haben.

Und auch hier gilt wieder: Gerade wenn Du denkst, Du
hast keine Zeit für Pausen, dann nimm sie Dir! Mach nicht den
gleichen Fehler wie ich, die früher immer dachte: Ich schaff
das schon! Ich erinnere mich noch gut an ein Gespräch mit
einer Physiotherapeutin, die mich fragte, was ich nach der

Behandlung noch tun würde. Ich erzählte ihr die ganze Story von Einkaufen, Kochen, Referat mit meinem Sohn machen und, und, und, obwohl ich todmüde sei. Sie sah mich an und sagte: »Das ist jetzt aber schon sehr zynisch! Todmüde sein und trotzdem funktionieren zu wollen.« Ich fand diese Aussage echt unpassend, kaute aber auf dem Heimweg lange darauf herum. Und beschloss spontan, heute einfach mal etwas »Verrücktes« auszuprobieren. Ich bog kurzerhand ab, setzte mich eine Stunde lang in die Sonne an einen See, holte auf dem Weiterweg lediglich Brot und Käse – und siehe da: Alle wurden zufrieden satt, und ich hatte eine Stunde Pause genossen. Einfach weil ich an diesem Tag auf aufwendiges Kochen verzichtet hatte.

> *»Und dann muss man ja auch Zeit haben,*
> *einfach dazusitzen und vor sich hinzuschauen.«*
>
> ASTRID LINDGREN

Blick auch Du mal auf Deine Tage und Deine To-dos und überleg, wo Du eingespielten Abläufen folgst – und dafür keine Pausen machst. Vor Kurzem habe ich mit einer Gruppe Chefärzte und Oberärzte gearbeitet, und einige erzählten, sie würden tagsüber nichts trinken und es sich verkneifen, auf Toilette zu gehen – einfach weil ihr voller Tag es ihnen nicht erlaube, eine Pause zu machen. Ehrlich – das fand ich noch zynischer als meinen Arbeitseifer. Wo sind wir hingekommen, dass wir unsere natürlichen Bedürfnisse vor lauter Pflichterfüllung unterdrücken? Und wie kann es sein, dass Ärzte – die ja wohl am besten wissen, was unser Körper braucht – von allen Berufsgruppen am häufigsten einen Burn-out erleiden? Ja, es ist verständlich! Denn ähnlich wie viele Menschen im helfenden Bereich wollen auch Ärzte für andere Menschen »voll da sein« – zeigen dabei allerdings häufig eine Tendenz zur Selbstüberforderung, neigen zu Workaholismus, können sich schwer abgrenzen und haben den Hang, die eigenen Bedürfnisse als Schwäche abzuwerten.

Viele meiner Klienten konnten sich endlich Pausen gönnen, nachdem sie ihre eigenen Bedürfnisse wieder ernst genommen und die Erwartungen an sich selbst auf ein gesundes Maß reduziert hatten. So gewappnet, konnten sie Grenzen setzen und bewusst eine Schneise in die tägliche Aufgabenflut schlagen. Nachdem der Kopf Pausen erlaubt hatte, konnten sie sich die Pausen auch *nehmen*.

Hilfreich dabei:

- Überleg Dir, wie viele echte Pausen Du im Laufe einer Woche machen willst und wo die am besten Platz finden. Sprich das – wenn notwendig – mit Deiner Familie, Deinen Kollegen etc. ab.
- Trag dann diese »Zeit für mich«, »Me-Time« oder wie immer Du es nennen willst, in Deinen Kalender ein.

- Denk dabei an kleine, mittlere und längere Auszeiten und markier diese Blocker bunt. Im Papierkalender kannst Du sie bunt ausmalen, in Outlook & Co. kannst Du Kalendereinträge farblich hinterlegen[73]. Der Trick dabei: Bei Anfragen siehst Du sofort: »Oh, da habe ich schon einen Termin!« und kannst einen Ausweichtermin vorschlagen. Ist Dein Kalender hingegen leer, schreit er förmlich danach, gefüllt zu werden. Und plötzlich ist er vollgestopft mit Aktivitäten, die Dir gar

123

nicht wichtig sind, und Du hast schon wieder mal »keine Zeit« für Auszeiten.

- 🔹 Such Dir Auszeiten, die Dir wirklich guttun. Inspirationen dazu findest Du in On-Treiber-Kapitel #7.
- 🔹 Schaff Dir für Deine Auszeit-Zeiten Rituale und Gewohnheiten: jeden Mittwoch Sport, jeden Sonntagabend Wellness. Das hilft Dir, am Ball zu bleiben, und erspart Dir auch ständiges Abstimmen mit anderen.
- 🔹 Such Dir Mitstreiter, die Deine Auszeit mitmachen. Entweder gemeinsam mit Dir oder zeitgleich jeder für sich.
- 🔹 Meld Dich für Kurse an und zahl diese. Auch das erhöht die Verbindlichkeit und hilft Dir, diese Pausen wirklich zu nehmen.
- 🔹 Achte darauf, ausreichend Zeit für Schlafen einzuplanen. Auch wenn Du derzeit schlecht ein- oder durchschläfst – allein schon, dass Du ruhig in den Federn liegst, ist für den Körper erholsam. Ab On-Treiber-Kapitel #7 kannst Du Dir Techniken holen, mit denen Du schneller und besser schlafen kannst.
- 🔹 Mach Dir klar, dass Schlaf die beste Pause ist, die Du machen kannst. Selbst Workaholics wie Amazon-Boss Jeff Bezos oder Apple-CEO Tim Cook achten darauf, dass sie ausreichend schlafen.

Pausen im Jahresverlauf

Eine schöne neue Zeitrechnung für Erholung und Regeneration könnte für Dich wie folgt aussehen:

- 🔹 Ich mache 1 Stunde pro Tag Pause
- 🔹 1 Tag pro Woche (Sonntag?)

- 1 Woche im Monat (4 Sonntage + 3 Bonustage)
- 1 Monat pro Jahr (für alle, die eh sechs Wochen Urlaub haben, ein Kinderspiel)

Und auch hier gilt wieder:
- Trag freie Tage (so frühzeitig wie möglich) in den Kalender ein. Block Dir schöne Tage für Geburtstage, kurze Wellness-Auszeiten, interessante Weiterbildungen, coole Konzerte gerne schon gleich mal zum Jahresbeginn. Du musst die Aktivitäten noch nicht buchen – aber allein ein Blocker im Kalender hilft Dir, diese Tage nicht automatisch wieder mit Alltagskram zu füllen.
- Schaff dann Verbindlichkeit, indem Du bestimmte Dinge buchst und zahlst.
- Erhöh die Verbindlichkeit Dir selbst gegenüber, indem Du mit anderen Menschen etwas unternimmst. Anderen sagen wir nicht so schnell ab, als wenn wir alleine unterwegs sind.
- Such Dir Aktivitäten (oder Passivitäten), die Dir maximal guttun. Auch hier findest Du ab On-Treiber-Kapitel #7 Inspirationen.

Appell an Unternehmen & Führungskräfte

Gefragt sind in puncto »Pause machen« auch die Arbeitgeber, indem sie klare Ansagen machen und den Mitarbeitern helfen, Ruhezeiten und echte Auszeiten auch wirklich zu nehmen. Vorgesetzte sind gefordert, dass (Mittags-)Pausen, Arbeitszeiten und Nichterreichbarkeits-Zeiten mit einem guten Gewissen eingehalten werden – schlicht und ergreifend, indem sie eben nicht regelmäßig oder immer mal wieder überraschend Meetings auf 12 Uhr legen, sodass nur Zeit bleibt für eine »schnelle Semmel« zwischendurch. Und vor allem, indem sie es vorleben!

Zudem appelliere ich an alle Arbeitgeber, Führungskräfte und Menschen, die Einfluss auf den Workflow anderer Menschen haben: Geht mit gutem Beispiel voran. Macht selbst Pausen und sorgt dafür, dass Pausen als der neue Produktivitäts-Booster gefeiert werden.

Leider sind Vorgesetzte nämlich meist ein schlechtes Vorbild, wenn es um Pausen und Erreichbarkeit geht. Nicht nur, dass sie selbst durch ihr übermäßiges Engagement ihre Gesundheit gefährden – sie leiten ihre Mitarbeiter unbewusst dazu an, es ebenso zu machen. Nur 20 Prozent der deutschen Arbeitnehmer sehen in ihren Vorgesetzten ein Vorbild, wenn es um gesundheitsbewusstes Arbeiten geht.[74] Höchste Zeit, das zu ändern!

 *Fazit: Arbeiten ohne Pausen oder ständiges Aktiv-Sein macht müde und unproduktiv. Alle 50 bis 70 Minuten eine Mini-Pause sowie freie Tage und Wochen laden den Akku und ermöglichen es, dass wir deutlich mehr schaffen. Wenn Du mehr schaffen willst, tu weniger!*

On-Treiber #6: Innerer Drang

Experten und Medien haben die neuen Hauptgründe für unseren Stress und unsere Überlastung ausgemacht: Es sind das Smartphone und das mobile Internet.

Aber stimmt das wirklich? Nein, denn hier verwechseln wir Ursache und Diagnose: Smartphones und mobiles Internet sind nämlich lediglich Werkzeuge, die uns dabei unterstützen, zu arbeiten oder privat Dinge zu erledigen. Nicht *sie* erzeugen Stress, sondern *unser Umgang damit* treibt uns in die Überlastung.

Eigentlich logisch, oder? Ja, aber viel bequemer ist es doch für die meisten von uns, die Schuld den anderen zu geben, als uns selbst in die Verantwortung zu nehmen. Wenn wir aber die technischen Geräte, die Möglichkeit zu Work-Life-Blending oder meinetwegen auch das Großraumbüro verantwortlich für unseren hohen Stresspegel machen, dann wäre das so, als wenn ein Chirurg sein Skalpell oder ein Koch seinen Kochlöffel für seinen Druck verantwortlich machen würde.

Es ist an der Zeit, dass wir uns erlauben, selbst einen Schlussstrich unter »ständig on« zu machen. Es ist an der Zeit, dass wir rauskommen dürfen aus einer möglichen Opferrolle (»Ich kann da ja nichts ändern!«) und dass wir die äußeren Rahmenbedingungen endlich so gestalten, wie es für uns am besten ist. In den vorherigen Kapiteln hast Du bereits Impulse bekommen, wie Du jeweils Veränderungen anstupsen kannst. Jetzt schaffen wir die *innere* Grundlage, damit diese Veränderungen im Außen wirklich echte Früchte tragen.

Der Check: Innere Saboteure

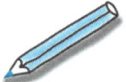

		Trifft eher zu	Trifft eher nicht zu
1	Ich glaube, dass ich sehr erwachsen und reflektiert in meinem Alltag agiere und jederzeit ganz bewusst mein Verhalten und meine Entscheidungen steuere.	○	○
2	Manchmal bin ich mir nicht so sicher, ob ich nicht durch kleine innere Widersacher in ein Verhalten reingetrieben werde, das ich so eigentlich gar nicht zeigen möchte.	○	○
3	Ich motiviere mich gerne mit Sprüchen wie »Wer rastet, der rostet!«. Oder »Streng Dich an!«. Oder »Mach hinne!«.	○	○
4	Mir ist es sehr wichtig, gemocht zu werden und es allem Menschen recht zu machen.	○	○
5	Perfektionismus ist mein zweiter Vorname.	○	○
6	Ich glaube, die Welt ist eher ein gefährlicher Ort, und ich muss schon gut aufpassen, dass alles gut geht.	○	○

Was sabotiert Deinen Erfolg?

Ob wir mal alles auslassen, uns abschotten und uns Zeit für uns nehmen oder eher dem lockenden Ruf nach »offen sein für das, was kommt« folgen, hat viel mit unserem inneren Antrieb zu tun. Egal ob Du magst oder nicht, bei allem, was Du tust, folgst Du einem »inneren Ruf«. Ob du Überstunden machst, abends noch in Deine Mails guckst oder heimlich auf dem Klo Candy Crush spielst – immer bringt Dich Dein innerer Motor dazu, dies zu tun. Auch wenn Du das eigentlich gar nicht willst – er treibt Dich an.

Manchmal ist dieser Motor dabei positiv und stachelt uns auf eine wohltuende Weise an. Das ist der Fall, wenn Du Deine Lebensmotive (z. B. Freiheit, Abenteuer, Zugehörigkeit) auslebst. Dann springst Du morgens voller Elan aus dem Bett und freust Dich auf die Aufgaben und Begegnungen, die heute vor Dir liegen.

Manchmal treiben uns allerdings innere Saboteure in ein Verhalten, das uns überhaupt nicht guttut. Aber wir schaffen es einfach nicht, diese destruktive Macht des inneren Antriebs aufzulösen. Kennst Du Deinen inneren Antrieb? In meinem Buch *GlüXX-Factory* beleuchte ich diese inneren Kräfte unter dem Aspekt »Hin-zu-Ziel«, »Weg-von-Ziel« und »Bleib-da-Ziel«.

Im Zusammenhang mit unserem Drang zu »ständig on« spielen hier vor allem unsere Erziehung, unsere Vorbilder und zahlreiche innere Bilder eine Rolle, die uns auf unserem bisherigen Lebensweg begleitet haben. Jedes Lob, jeder Tadel, jede Erfahrung, jede Verletzung, jede erfreuliche Situation hinterlassen in uns Eindrücke, die unsere Sicht auf die Welt prägen.

Wir lernen von Kindesbeinen an aus Bemerkungen von uns nahestehenden Menschen oder allein auch aus Beobachtungen, wie sich andere Menschen verhalten, was »richtig« und was »falsch« ist. Ein Ur-Instinkt trieb uns, es den Eltern stets recht zu machen, und auch heute tun wir häufig noch alles, um Eltern oder andere Autoritäten glücklich zu machen. Oder um ihnen trotzig eins auszuwischen. So oder so – wir agieren nicht frei und erwachsen, sondern angetriggert durch unsere Überzeugungen und unsere subjektive »Wahrheit«.

Antreiber als Motor unseres Tuns

wahrnehmung

wahrheit   erwartung

handlung

Was hast Du im Selbstcheck »Innere Saboteure« bei Aussage 1 und 2 angekreuzt? Bist Du dir bereits bewusst, dass wir alle unseren inneren Stimmen folgen? Aufgrund unserer Erziehung, unserer Kultur, unserer Mitmenschen? Wenn ja, super! Bewusstsein ist die Grundlage zur Veränderung. Nur wenn wir automatisch wie die Marionetten unseren inneren Stimmen folgen – obwohl sie uns nicht guttun –, dann ist das dauerhaft ungesund für uns.

Wir beginnen im Laufe der Kindheit, ein Drehbuch unseres Lebens zu schreiben (ein Skript), und entwickeln in diesem Sinne unseren eigenen Roman weiter. Die als Kleinkind wahrgenommene »Wahrheit« prägt unser Bild von der Welt. Und unser Bild prägt dann wiederum, was wir wahrnehmen. Wir geraten in einen Kreislauf aus Erwartungen und Bestätigungen, der unsere »Wahrheit« zementiert. Wir entwickeln Glaubenssätze, Überzeugungen, von denen wir glauben, dass sie wahr sind. Sie gelten für uns wie Naturgesetze: unverrückbar! Nach dem Frühling kommt der Sommer. Nachts ist es dunkel. Schnee ist kalt.

Bereits in den 1970er Jahren hat der Psychologe Taibi Kahler hinter unseren »Drehbüchern« des Lebens und unseren Glaubenssätzen fünf grundsätzliche Muster erkannt, die unser Verhalten prägen. Er nannte sie »Antreiber«. Die Psychotherapeutin Mary Goulding ergänzte Kahlers fünf Antreiber um einen weiteren. Hast Du im Check bei den Aussagen 3 bis 6 »Trifft eher zu« angekreuzt? Dann ist Dir offenbar schon ein wenig klar, wer bei Dir immer mal wieder das Ruder übernimmt: Deine Antreiber. Du willst es genauer wissen? Einen ausführlichen Check findest Du im neuen Online-Kurs »Innere Saboteure zu Freunden machen!«.[75]

Antreiber sind Botschaften der Eltern an ihre Kinder, die meist gut gemeint sind. Sie resultieren aus dem Blick der Eltern auf die Welt und werden als Ratschläge weitergegeben. Aus diesen Botschaften (den verbalen und auch nonverbalen) lernen die Kinder, wie sie sich idealerweise verhalten sollen, damit sie den elterlichen Ansprüchen und Vorstellungen genügen. Wir leiten unseren Wert daraus ab, wie gut wir die Ansprüche der anderen erfüllen.

Seit vielen Jahren nutze ich die Erkenntnisse der Antreiberforschung, um zu erklären, welche »Gegenwinde« uns immer wieder von unserem Geht-ja-doch-Projekt wegblasen, wenn es darum geht, uns (beruflich) zu verändern. Mit diesem Wissen können meine Klienten im persönlichen Coaching oder auch im Online-Kurs die Gegenwinde in Rückenwind verändern.

Warum Deine Antreiber On-Treiber sind

Auch in Bezug auf unsere LMAA-Ambitionen zeigen die Antreiber uns ganz wunderbar, warum wir uns so anders verhalten, als wir »eigentlich« wollen.

Der Schlüssel für ein erfolgreiches LMAA-Programm liegt deshalb darin, uns unsere unbewussten On-Treiber bewusst zu machen und dann zu entscheiden, ob wir aus den destruktiven Mustern raus und neue, konstruktive Leitlinien für uns finden wollen. Oder nicht. Deshalb: Vorhang auf für die kleinen inneren Widersacher und Saboteure.

Sei perfekt!

Perfektionisten fordern (von sich) absolute Vollkommenheit. Sie glauben, dass sie immer alles richtig, gründlich und fehlerfrei machen müssen – bis ins letzte Detail –, und legen die Messlatte an das eigene Tun ganz nach oben. Läuft mal etwas nicht perfekt, dann beschimpfen sie sich als Versager und rechnen mit verheerenden Konsequenzen. Oft bauen die deshalb vor und erwähnen, wie kompliziert eine Aufgabe sei, oder äußern

Bedenken und mögliche Kritik. Liefern sie trotz all der Schwierigkeiten ein perfektes Ergebnis, dann leuchtet ihr Stern umso heller. Oder sie setzen sich Situationen, in denen sie »versagen« könnten, gar nicht erst aus.

Die Aufforderung »Sei perfekt!« kann sich an uns selbst richten oder als extrem hoher Anspruch auch an Menschen in unserem Umfeld. Liefert jemand ein unperfektes Ergebnis, dann sieht der Perfektionist in uns rot!

Innere Stimmen (Glaubenssätze)

- Wenn ich etwas mache, dann richtig!
- Das geht noch besser!
- Nur fehlerfrei ist akzeptabel.
- Halbe Sachen zu liefern bedeutet, versagt zu haben.
- 80/20? Unmöglich bei mir! Ich muss immer 100 Prozent liefern.
- Nur das Beste ist gut genug!

Feste (destruktive) Überzeugung: Je besser meine Leistung, umso mehr bin ich es wert, geliebt zu werden. Je perfekter die Leistung des anderen, desto mehr schätze ich ihn. Mein Wert liegt darin, auf Spitzenergebnisse zu zielen.

Warum »Sei perfekt!« ein On-Treiber ist

Perfektionisten wollen alles in ihrem Leben perfekt machen: der perfekte Angestellte sein, der perfekte Unternehmer, die perfekte Mutter, die perfekte Gastgeberin. Was macht einen perfekten Angestellten aus? »Ganz logisch«, sagst Du jetzt, »ein perfekter Angestellter ist natürlich jederzeit ansprechbar für Rückfragen, zeigt, dass er rund um die Uhr einsatzbereit ist.«

Wenn Du sehr stark angetrieben bist von »Sei perfekt!« und Du glaubst, ein perfekter Mitarbeiter, eine perfekte Mutter, ein perfekter Freund reagiere sofort (!) auf eintrudelnde Nachrichten, dann ist es für Dich wichtiger, Deinem Selbstbild gerecht zu werden, als mal »off« zu gehen. Lösung: Zum einen helfen offene Gespräche mit den anderen, in denen ganz klar festgelegt wird, wie sehr ständiges digitale »On« eine perfekte Job-Erfüllung (Mutterrolle ...) bedeutet. Der springende Punkt ist dabei allerdings, dass Perfektionisten häufig *glauben*, was in welcher Qualität zu tun ist – aber sie *wissen* es nicht. Sie wissen nicht, wie erreichbar sie tatsächlich sein müssen (vgl. On-Treiber #1) oder was andere Menschen von ihnen tatsächlich erwarten. Und so neigen sie in vorauseilendem Gehorsam zum Überfüllen von unbekannten (!) Anforderungen. Mit dem Ergebnis, dass sie ihre digitalen Gadgets nicht ausmachen können, und vor allem auch, dass sie mental nicht abschalten können.

In meinen Seminaren bitte ich zu Beginn die Teilnehmer, ihre Handys auf stumm zu stellen. Häufig meldet sich eine Teilnehmerin und sagt, das gehe leider nicht. Sie müsse erreichbar sein, falls mit ihren Kindern etwas sei. Ich kommentiere das an dieser Stelle nie, nicke nur. Im Laufe des Seminares packt auch sie ihr Handy weg. Weil sie erkennt, was sie dazu getrieben hat, erreichbar sein zu »müssen«. Sie hatte verinnerlicht, dass eine perfekte Mutter immer perfekt für ihre Kinder erreichbar sein muss.

Solange wir unseren Selbstwert aus dem Grad ziehen, wie perfekt wir Rollen entsprechen oder den Erwartungen anderer nachkommen, desto schwieriger ist es, mal alles auszulassen. Solange Deine perfekte Rollen-Erfüllung in Deinen Augen auch »ständig on« beinhaltet, so lange wirst Du nicht abschalten. Auch nicht mental.

Hast Du aber die Nase voll, als Mr. und Mrs. Perfect ständig unter Strom zu sein, dann leg den Grad an »ständig on« auf ein neues Level. Klärt im Team oder der Familie, wie perfekt erreichbar Du wirklich sein musst. Und steige ansonsten mit unserem perfekten LMAA-Training aus.

> »Um ein tadelloses Mitglied einer Schafherde sein
> zu können, muss man vor allem ein Schaf sein.«
>
> ALBERT EINSTEIN

Sei stark!

Menschen mit diesem Antreiber zeigen keine Schwäche. Sie haben gelernt, alles allein zu schaffen und jederzeit über alles die Kontrolle zu haben. Sie fühlen sich nur wohl, wenn sie selbst die Zügel in der Hand halten und unabhängig von anderen sind. Nach außen wirken sie belastbar, als Fels in der Brandung und jederzeit Herr der Lage. Sie zeigen Durchsetzungs- und Durchhaltevermögen und würden niemals durchschimmern lassen, dass sie gerade ratlos, erschöpft oder schwach sind. Um Hilfe zu bitten, sich mal eine Auszeit zu nehmen oder nicht alles mit links zu schaffen, ist in ihren Augen ein Versagen.

Körperliche Stresssignale drücken »Sei stark«-Menschen weg und machen weiter. Der Körper muss gefälligst funktionieren! Sie verstecken ihre wahren Gefühle und Befindlichkeiten.

Sie vertrauen oft nicht auf andere, nur auf sich selbst. Sie lassen sich ungern sagen, was sie zu tun haben, reagieren allergisch auf Fremdbestimmung. Situationen, die sie nicht kontrollieren können, vermeiden sie in weiser Voraussicht.

Innere Stimmen (Glaubenssätze)

- Ich schaffe das schon alleine!
- Solange ich kein Fieber habe, bin ich einsatzfähig.
- Hilfe annehmen? Ach was, ich habe alles im Griff!
- Ohne mich bricht hier doch alles zusammen.

Feste (destruktive) Überzeugung: Je stärker ich bin und je weniger eigene Bedürfnisse (Schwächen) ich habe, desto mehr bin ich es wert, geliebt zu werden. Mein Wert liegt darin, alles jederzeit im Griff zu haben.

Warum »Sei stark!!« ein On-Treiber ist

Als belastbarer Fels in der Brandung sind »Sei stark«-Typen prädestiniert für ständig »on«. Denn so können sie auf allen Kanälen jederzeit alles im Griff behalten. Auch wenn sie frei haben, sind sie selbstverständlich ansprechbar und helfen, die Dinge auch aus der Ferne am Laufen zu halten.

Mal die Tür zu lassen, um ungestört arbeiten zu können, oder mal das Handy ausmachen, um Zeit für sich oder ihre Lieben zu haben – undenkbar, denn »Sei stark«-Menschen ziehen sehr viel ihrer Wichtigkeit daraus, dass sie alles unter Kontrolle haben und dass ohne sie nichts läuft. Gleichzeitig drei Gespräche führen, Mails checken und WhatsApp verschicken – das zeigt ja nur, wie belastbar sie sind! Kein Grund, hier etwas zu verändern.

Die Kehrseite der Medaille ist, dass Du als »Sei stark«-Typ so erfolgreich alles im Griff behältst, dass die anderen Menschen keinen Anlass sehen, eigeninitiativ zu werden oder gar selbst mal Verantwortung zu übernehmen. Sie spüren, Du willst alles selbst wuppen – und so kommt es dann auch. Mit dem Effekt, dass sich die Hilflosigkeit der Menschen um Dich herum verstärkt, was Dir wiederum zeigt: Du machst alles richtig, denn ohne Dich geht es einfach nicht. Deshalb musst Du erreichbar sein! Ein Teufelskreis, aus dem Du nur rauskommst, wenn Du diesen Antreiber erkennst und auf ein für Dich und die anderen Menschen vernünftiges Level legst.

»Lass Mal Alles Aus« klingt für »Sei stark«-Typen als Eingeständnis von Unvermögen. Solange Du es so siehst und solange »ständig on« Dir mehr Dopamin liefert als ein Rückzug, so lange wirst Du nicht abschalten. Wenn Du allerdings denkst, mal nicht »on« zu sein sei das Zeichen von wahrer (innerer) Stärke, dann steige ein in ein LMAA-Training für starke Menschen.

Streng Dich an!

Menschen mit diesem Antreiber glauben, dass nur die größte Anstrengung einen Erfolg bringen kann. Erfolge, die nicht auf harter Anstrengung basieren, zählen nicht. Alles, was leicht machbar ist oder am Ende noch Spaß bringt, erscheint ihnen wertlos und verpönt. Tief hängende Früchte ernten sie deshalb nicht – nur die von ganz oben sind es überhaupt wert, ins Tun zu kommen.

Sie sind fleißig, diszipliniert und pflichtbewusst. Sie wählen immer den schwierigsten Weg, nehmen die größten Hindernisse, selbst wenn ein leichter Weg frei zugänglich wäre. Sie sind die Druckmacher der Nation. Ist kein Druck da, dann erzeugen sie eben künstlich einen oder betonen lauthals all die Schwierigkeiten, die zu meistern waren. Denn nur wenn es hart war, ist es wertvoll. Wenn etwas nicht klappt, müssen sie sich halt noch mehr anstrengen. Mal entspannen? Fehlanzeige!

Innere Stimmen (Glaubenssätze)
- Für Erfolg muss ich hart arbeiten.
- Es muss schwer gehen, sonst ist es nichts wert.
- Arbeit darf keinen Spaß machen.
- Ich gebe nie auf. Nie.
- Ohne Fleiß kein Preis.
- Erst die Arbeit, dann das Vergnügen.
- Müßiggang ist aller Laster Anfang.

Feste (destruktive) Überzeugung: Je härter ich um einen Erfolg gekämpft habe, desto mehr bin ich es wert, geliebt zu werden. Mein Wert ist, auch die größten Schwierigkeiten zu meistern.

Warum »Streng Dich an!« ein On-Treiber ist

Die neuen Kommunikationskanäle kommen den »Streng Dich an«-Typen wie gerufen: Endlich haben sie noch ein paar Baustellen mehr, an denen sie sich abarbeiten können. 24/7-Erreichbarkeit ist eine zusätzliche Last, die sie stemmen müssen – und dass sie es schaffen, mit der E-Mail-Flut und den ständigen Unterbrechungen überhaupt noch etwas Vernünftiges zustande zu bringen, ist natürlich nur ihrem Goliath-Einsatz zu verdanken.

Der sozialen Medien bedienen sie sich nicht, weil es ihnen Spaß macht (Gott behüte!), sondern weil das heutzutage zum Leben eben dazugehört. Es ist eine weitere Pflicht, die sie bravourös und pflichtbewusst erledigen. Posten sie selbst etwas, dann meist, wie gut sie ein Problem gelöst haben oder ein Unheil abwenden konnten. Persönliche Gefühle? Fehlanzeige.

Weil die To-do-Listen der »Streng Dich an«-Typen endlos lang sind, fällt es ihnen häufig schwer, mental abzuschalten. Im Kopf drehen sich offene Aufgaben stetig – aber auch das ertragen sie stoisch. Meditieren lernen? Nein, das ist was für Softies.

Bist Du auch stolz darauf, wie smart Du all Deine Belastungen stemmst? Ziehst Du Befriedigung daraus, die Klaviatur der Kommunikationskanäle zu spielen, und wenn andere Menschen über den neuen Stress von Smartphone & Co. jammern, denkst Du nur »Streng Dich halt ein bisschen an, dann wuppst Du das schon!«?

Solange Du Wohlbefinden und Stolz erlebst, wenn Du ständig »on« bist, so lange wirst Du nichts ändern.

Vielleicht willst Du aber langsam mal in Deinem Leben zulassen, dass es nicht *immer* anstrengend sein muss, etwas zu erreichen. Dann könnte ein kleines – anstrengendes – LMAA-Training ein erster Schritt für Dich sein.

Beeil Dich!

Aus dem Weg! Der Hektiker ist im Anmarsch und zwingt uns, alles schnell, sofort und am besten gleichzeitig zu erledigen. »Beeil Dich«-Menschen haben ein hohes Sprech-, Arbeits- und Lebenstempo. Sie haben Angst, untätig zu sein, verbieten sich das Innehalten und Verweilen im Hier und Jetzt. Nichtstun ist unmöglich. Sie sind ständig auf dem Sprung.

Ihr Anspruch ist es, so viel wie möglich zu schaffen – oder zu erleben. Sie haben Angst, etwas zu verpassen, und so sind »Beeil Dich«-Typen der beste Kandidat für das neue Phänomen »FOMO« (Fear of missing out). Immer in Aktion, immer unterwegs – oft verwechseln sie dabei Aktivität mit Aktionismus. Oft haben sie auch Angst, ihr Potenzial nicht zu leben, unter ihren Möglichkeiten zu bleiben, ihre Berufung nicht wirklich zu leben oder sie gar nicht erst zu finden. Sie befürchten ständig, etwas Spannenderes zu verpassen, sobald sie sich länger einer Sache zuwenden. Sie sind Getriebene. Aus Angst, nicht mehr in Schwung zu kommen, gönnen sie sich keine Pausen.

Innere Stimmen (Glaubenssätze)
- Wer rastet, der rostet.
- Stillstand ist Rückschritt.
- Schlafen kann ich, wenn ich tot bin.
- Bloß nichts verpassen!
- Zeit ist Geld!

Feste (destruktive) Überzeugung: Je schneller ich bin und je mehr ich schaffe, desto mehr bin ich es wert, geliebt zu werden. Mein Wert liegt im unglaublichen Pensum und im Tempo, mit dem ich alles schaffe.

Warum »Beeil Dich!« ein On-Treiber ist

Ich glaube, dass die Erfinder von EDV, E-Mail und Smartphone »Beeil Dich«-Typen waren. Dass sie angetrieben waren von der Aussicht, in Sekundenschnelle Antworten zu bekommen.

»Ständig on« entspricht zu 100 Prozent dem inneren Wunsch der »Beeil Dich«-Menschen. Sie schütten Glückshormone aus, wenn sie ihre eigenen Zeiten unterbieten können, in denen sie auf Mails antworten oder den schnellen Switch zwischen Aufgaben meistern. Sie fühlen sich beflügelt, online Zugriff auf Millionen Informationen zu haben und keine News mehr zu verpassen. Lesen sie allerdings in den sozialen Medien von einem Event, auf dem sie gerade nicht sind, dann schnellt der Adrenalinspiegel in die Höhe. »Mist, da habe ich was verpasst!«

Ich glaube auch, dass von ihnen die heutige Unsitte ausging, andere Menschen ständig zu unterbrechen und sofort eine Lösung zu fordern. Je schneller sie eine gewünschte Info bekamen, desto schneller konnten sie weitermachen. Wie praktisch.

Schnelligkeit ist für sie ein Qualitätssiegel, und deshalb lieben sie es auch, in der Freizeit für Jobthemen »on« zu sein und schnell zu reagieren. Als Erster die Mail-Nachfrage vom Chef beantworten, die an das ganze Team ging? Goldmedaille!

Solange Du mit Deinem hohen Tempo und Multitasking nur positive Erfahrungen machst, so lange wirst Du nichts verändern. Noch dazu, wenn Dein Umfeld Dich auch noch dafür lobt. Merkst Du allerdings, dass »ständig on« langsam anfängt, Dich zu zermürben und zu ermüden, dann starte ganz schnell Dein persönliches LMAA-Programm. Erkenne, dass ein hohes Tempo unter Umständen zulasten der (Lebens-)Qualität geht, und tob Deinen Tempo-Wunsch lieber woanders aus.

Mach es allen recht! (Sei nett!)

Dieser Antreiber erwartet, dass wir immer zu allen Menschen lieb und nett sind und es anderen Menschen immer recht machen. *Wir* sind dafür verantwortlich, dass es den Kollegen, dem Partner, den Kindern, den Nachbarn gut geht. Und so sind »Sei nett«-Menschen in erster Linie mit der Frage befasst, was sich der andere wohl wünscht und was ihm guttun könnte. Sie folgen dem Motto »Mach es allen recht«, sind die Kümmerer der Nation, die Abteilungs-Mutti, der Freund, auf den man immer zählen kann. Sie sind stolz darauf, »mit allen gut zu können«. Ohne Rückenstärkung durch andere trauen sie sich nicht, Grenzen zu setzen, weil sie Angst haben, das Wohlwollen ihres Umfelds zu verlieren. Nicht dazuzugehören ist für sie eine der schlimmsten Erfahrungen und Ängste. Sie tun alles dafür, um Anerkennung zu bekommen, und stellen die Bedürfnisse der anderen grundsätzlich über die eigenen.

Innere Stimmen

- Alle müssen mich mögen.
- Was ich selbst will, ist nicht so wichtig.
- Sei immer nett und gefällig.
- Disharmonie ist unerträglich.
- Wenn ich »Nein« sage, verletze ich den anderen.
- Ich darf niemandem eine Bitte abschlagen.
- Ich darf niemanden enttäuschen.

Feste (destruktive) Überzeugung: Je liebenswürdiger und hilfsbereiter ich bin, desto mehr bin ich es wert, geliebt zu werden. Mein Wert liegt darin, dass es den anderen gut geht.

Warum »Sei nett!!« ein On-Treiber ist

Die »Sei nett«-Typen sind die Hauptprofiteure von »ständig on«. Und gleichzeitig sind sie die größte Opfergruppe. Noch nie zuvor war es ihnen möglich, mit so vielen Menschen in Kontakt zu sein, wie heute über Facebook & Co. Als Netzwerker vor dem Herrn liken sie die Beiträge ihrer »Freunde«, geben per Kommentar gute Ratschläge und fühlen sich ihnen damit ganz nah. Extrovertierte posten ihre Highlights (»Schaut, welch leckeren Kuchen ich gebacken habe«) und strömen über vor Glück, wenn sie Herzchen und »Daumen hoch« erhalten. Sie fühlen sich als Teil einer großen Community, sie gehören dazu. Bleiben allerdings Reaktionen aus, dann stürzt sie das ins Unglück – der Tag ist gelaufen!

Nicht sofort auf Mails oder Anfragen zu reagieren, empfinden »Sei nett«-Menschen als grob unhöflich. Und so springen sie jederzeit hilfsbereit auf, wenn Kollegen oder Familienmitglieder sie unterbrechen: Die Belange der anderen haben Vorrang vor den eigenen Aufgaben. »Die kann ich ja immer noch erledigen, wenn die anderen zufrieden sind.«

So schön es ist, wenn wir anderen Menschen ein gutes Gefühl geben – auf Dauer sorgt diese Haltung für Erschöpfung und Frust. Dann sagen wir zwar: »Ich sollte mal mehr auf mich achten.« Aber wir tun es nicht. Zu tief hat sich der »Sei nett«-Antreiber in unsere DNA eingegraben, und unser Bemühen, stets Anerkennung von anderen zu bekommen, verhindert, dass wir uns endlich mal für eigene Interessen einsetzen. Oder abschalten.

Solange Du Dich glücklich fühlst mit »ständig on« – mach weiter. Wenn Du allerdings mal Zeit haben willst, für Dich ganz alleine, und zwar mit einem guten Gewissen (!), dann erlauben wir Dir jetzt, Dein LMAA-Projekt zu starten.

Sei vorsichtig!

»Sei vorsichtig«-Menschen sorgen sich häufig um ihre (körperliche) Sicherheit, um ihre Lebensgrundlage und ihre Geborgenheit. Sie wägen Entscheidungen sorgfältig ab, hinterfragen Aktivitäten auf ihr (Verletzungs-)Risiko und befinden sich stets in einem Zustand höchster Wachsamkeit. Sie gehen eher planvoll, strukuriert und vorausschauend vor als impulsiv.

Oft empfinden sie die Welt um sich als bedrohlich und grübeln viel über mögliche Katastrophen nach. Manche »Sei vorsichtig«-Menschen begegnen den Mitmenschen eher misstrauisch und wittern hinter netten Gesten eine Finte, damit sich der andere bereichern kann. Andere sorgen sich stark um ihre finanzielle Situation und werden so zu »braven« Pflichterfüllern, die dankbar sind, dass sie angesichts der desolaten Wirtschaftslage (noch) einen Job haben, und die sich nicht trauen, zu immer mehr Workload »Nein« zu sagen.

Manchmal tragen sie ihre (körperliche) Schwäche auch »stolz« vor sich her und gehen mit ihrem »schweren« Schicksal hausieren.

Innere Stimmen
- Die Welt ist schlecht.
- Pass auf!
- Vorsicht ist die Mutter der Porzellankiste.

Feste (destruktive) Überzeugung: Je besser ich gegen mögliche Verletzungen und Schicksalsschläge ankämpfe, desto mehr bin ich es wert, geliebt zu werden. Mein Wert liegt darin, dass ich aufpasse, dass nichts passiert.

Warum »Sei vorsichtig!!« ein On-Treiber ist

»Ständig on« ist für »Sei vorsichtig«-Menschen eine Überlebensstrategie. Und ein sicherer Hafen.

»Sei vorsichtig«-Menschen, die die Welt da draußen als bedrohlich empfinden und die Angst haben, bei der miesen wirtschaftlichen Situation ihren Job zu verlieren, die werden »freiwillig« ständig erreichbar sein. Die werden permanent alle denkbaren Kommunikationskanäle sichten, um mögliche Anfragen sofort zu bearbeiten – schließlich könnte Bummelei die Kündigung bedeuten. Es gibt ja so viele andere Arbeitswillige, die sich aufreiben, da muss man schon Engagement zeigen, um seinen Job zu sichern. Solange das Damoklesschwert »Kündigung. Arbeitslosigkeit. Finanzieller Ruin« über ihnen schwebt, schalten »Sei vorsichtig«-Menschen nicht ab. Auch nicht mental. Ständig kreisen ihre Gedanken um die möglichen Katastrophen, die da draußen lauern.

Haben die »Sei vorsichtig«-Menschen auch noch Angst um ihre körperliche Sicherheit, dann sind die elektronischen Medien eine prima Fluchtmöglichkeit. Wir müssen nicht raus, auf die gefährliche Straße, auf die gefährliche Skipiste oder ins bakterienverseuchte Hallenbad. Nein, wir können bequem auf der Couch in völliger Sicherheit ein Leben aus zweiter Hand genießen. Sollen doch die anderen was riskieren – am Smartphone droht mir keine Gefahr! Und die Berieselung oder Aktivität lenkt auch prima von angstmachenden Gedanken ab.

Klingt anstrengend? Ist es auch. Denn »Sei vorsichtig!« hält uns in einem ständigen Angstzustand und verhindert, dass wir die Fülle des echten Lebens genießen können. Du willst wieder mehr leben statt leiden? Dann wirf einen vorsichtigen Blick auf unser LMAA-Training. Nur schauen, nichts machen!

Das kannst Du tun

Bei welchen dieser sechs Antreiber findest Du Dich wieder? Welche Beschreibungen beschreiben auch Dich? Welche Sätze könnten original von Dir stammen? Je besser Du Deine inneren Saboteure erkennen kannst, desto leichter kannst Du sie mit den nun folgenden Übungen und Strategien entmachten und sogar zu Freunden machen.[76]

Ich finde mich wieder in den Beschreibungen von

○ Sei perfekt!
○ Beeil Dich!
○ Streng Dich an!
○ Mach es allen recht!
○ Sei stark!
○ Sei vorsichtig!

In der Regel haben wir immer mehrere Antreiber, und in der Summe können sie uns ganz schön zum Wahnsinn treiben. Können – müssen aber nicht. Denn: Per se sind diese Antreiber nicht »böse« oder schlimm. Nein, genau *sie* können dafür verantwortlich sein, warum wir so erfolgreich im Leben sind, so glücklich.

Zeit, Danke zu sagen

Jeder dieser Antreiber war und ist eine wichtige innere Ressource, ohne die Dir vieles im Leben sicherlich nicht so gut gelungen wäre. Wir wollen sie deshalb auf keinen Fall aus Deinem Leben völlig verbannen, sondern ihnen nur die Zügel nicht mehr so locker überlassen.

Ein hoher Anspruch an Deine Leistung (»Sei perfekt!«) erzeugt eine hohe Qualität, die Chefs oder Kunden zufriedenstellen und Deinen wirtschaftlichen Erfolg nach sich ziehen. Das »Beeil Dich!« in Jeff Bezos (Amazon-Gründer) kann dazu geführt haben, dass wir heute Morgen Waren bestellen können, die schon heute Nachmittag geliefert werden – ein Kundenmehrwert, den andere Geschäfte nicht haben und der den gigantischen Erfolg des Online-Kaufhauses ausmacht. »Sei nett!« ermöglicht es Dir, diplomatisch zwischen anderen Menschen zu vermitteln – und Du hast genau aus diesem Talent Deinen Beruf gemacht. »Streng Dich an!« hat Dich zum Sieger Deiner Zunft gemacht, hat Dir Preise und Ehrungen eingetragen. Und »Sei stark!« hat Dir ein Aufgabengebiet mit viel Verantwortung beschert, wo Du viel bewirken kannst.

Nimm Deine Antreiber an dieser Stelle mal unter diesem Aspekt wahr: Warum sind sie für Dich positiv? Welche Erfolge und Glücksmomente hast Du ihnen zu verdanken? Was hättest Du nicht erreicht, wenn sie Dich nicht angetrieben hätten?

Ja, es ist Zeit, auch mal »Danke« zu sagen. Denn oftmals ermöglichen unsere Antreiber uns, Fähigkeiten und Tugenden zu entwickeln, die uns und auch andere Menschen positiv voranbringen.

Destruktive On-Treiber entmachten

Es gibt eine gute Nachricht: Unser »Skript«, unser Lebensdrehbuch, nach dem wir in der Vergangenheit automatisch funktioniert haben, ist veränderbar. Wir können unsere Antreiber, die uns streckenweise das Leben schwer gemacht haben, so justieren, dass sie uns nicht mehr stressen, sondern uns gesund, gelassen und glücklich durchs Leben bringen.

Wichtig dabei: Es geht uns bei einer Veränderung nicht darum, die eigenen Antreiber abzuschaffen oder ins komplette Gegenteil zu gehen. Nein! Es geht darum, die positive Kraft in ihnen zu nutzen und den destruktiven Anteil behutsam so weit zu reduzieren, dass er uns nicht mehr bremst. Es geht darum, uns selbst anzunehmen, freundschaftlich mit uns selbst umzugehen, auch wenn das Leben gerade nicht so läuft, wie wir es gerne hätten. Wir treten aus der Rolle heraus, in der wir automatisch nach unseren Mustern funktionieren, und nehmen bewusst eine neue (erwachsene) Haltung ein, in der wir uns selbst unterstützen können.

Ziel unseres LMAA-Trainings ist es, Deine inneren Antreiber so zu justieren, dass sie Deinen Wunsch nach »Lass Mal Alles Aus« nicht mehr sabotieren, sondern idealerweise sogar unterstützen.

Das machen wir in drei Schritten:
1. Erkennen
2. Hinterfragen
3. »Erlauber« etablieren

Bitte hol Dir für Dein LMAA-Training die detaillierte Übungsbeschreibung gratis in Deinem Workbook unter www.gehtjadoch.com/abschalten und schreib direkt in das PDF.

1. Schritt: Erkennen

Im ersten Schritt geht es darum, dass Du besser erkennst, welcher Zusammenhang zwischen Deinen Ansprüchen an Dich selbst (Deinen Antreibern) und Deinem Drang zu »ständig on« besteht. Welcher Saboteur – oder welche Saboteure – drängt Dich stärker in eine permanente Erreichbarkeit, einen hohen Workload oder Dein Gedankenkarussell rein?

Sehr häufig erlebe ich in der Arbeit mit meinen Klienten, dass alleine das Erkennen unserer destruktiven Muster ausreicht, um uns davon zu lösen. Und vielleicht geht es Dir an dieser Stelle ähnlich. Dass Du jetzt erkannt hast, was Dich zu mehr »on« treibt, als Du im Kern willst. Und dass alleine das Erkennen Dir ausreicht, um den Quatsch dahinter zu sehen – und deshalb das Muster zu lösen. Erkennen ist der Schlüssel zur Veränderung. Und manchmal ist die Arbeit an den Antreibern damit beendet. Gefahr erkannt – Gefahr gebannt.

Manchmal brauchen wir aber noch ein paar Schritte mehr.

2. Schritt: Hinterfragen

Idealerweise lösen wir bremsende Überzeugungen mithilfe einer fremden Person auf. Denn wir selbst sind ja dermaßen verstrickt in unserem Bild, dass es den meisten Menschen schwerfällt, neutral mit den Bremsern zu arbeiten. Such Dir deshalb am besten einen erfahrenen Coach. Oder schlüpf selbst in die Rolle des neutralen Dritten, in die Rolle eines neutralen Coaches, und geh die Übung aus Deinem Workbook durch.

> *»Wir sehen die Dinge nicht so, wie sie sind.*
> *Wir sehen sie so, wie wir sind.«*

TALMUD

Dabei geht es darum, unsere Überzeugungen ganz kritisch auf den Prüfstand zu stellen und an deren ultimativem Wahrheitsgehalt zu rütteln. Beispielsweise mit Fragen wie: Wer sagt, dass diese Annahme stimmt? Stimmt sie immer? Kenne ich Ausnahmen?

Häufig erlebe ich in der Arbeit mit meinen Klienten, dass alleine mit gezielten Fragen das bislang zementierte Weltbild einen feinen Riss bekommt, dass leise Zweifel auftauchen, ob diese Sicht der Dinge wirklich »richtig« ist. Und das ist super. Ein leiser Zweifel reicht uns für den Anfang aus.

3. Schritt: »Erlauber« etablieren

Im dritten Schritt stellen wir nun den destruktiven Sätzen, die uns bislang getrieben haben, konstruktive Sätze gegenüber. Und zwar solche Sätze, die wir selbst auch glauben!

Wenn Du ein »Sei vorsichtig«-Mensch bist, der sich ständig »Pass auf!« zuruft, bringt es nämlich nichts, ab sofort Mantra-artig den Satz zu murmeln: »Die Welt ist sicher und schön!« Denn dann sagt Dein Unterbewusstsein: »Pah, Du hast doch keine Ahnung!« Oder wenn Du ein »Sei nett«-Typ bist, dann wird ein »Hey, ab sofort sage ich Nein!« sämtliche Alarmglocken in Bewegung setzen, die verkünden: »Spinnst Du!? Was bist denn Du für ein Egoist! Probier es ruhig aus – wirst ja sehen, dass Dich dann keiner mehr mag!«

Die neuen Sätze – sie heißen auch »Erlauber« – sollen so gewählt sein, dass sie sich für Dich richtig und stimmig anfühlen. Und Dich ein kleines Stück weit in die neue, von Dir gewünschte Richtung führen. Und deshalb sind – gerade am Anfang – Weichmacherwörter und Relativierungen wie »auch mal«, »könnte« oder »nicht immer« ausdrücklich erlaubt.

Gute und wirksame Erlauber-Sätze helfen Dir, Dich zu entwickeln – mit Respekt für Dich und für andere Menschen. Was sind Deine neuen Sätze, die Du Dir ab sofort sagen wirst? In Deinem Workbook findest Du zahlreiche Beispiele, wie

Sei perfekt!«-*Erlauber:* »Ich gebe das Beste, das ich heute zu geben vermag.«

»*Sei stark!*«-*Erlauber:* »Ich muss nicht immer stark sein.

»*Streng Dich an!*«-*Erlauber:* »Ob leicht oder schwer, spielt keine Rolle – das Ergebnis ist wichtig.

»*Beeil Dich!*«-*Erlauber:* »Ich darf selbst entscheiden, wann ich mich beeile.«

»*Sei nett!*«-*Erlauber:* »Ich darf auch eigene Wünsche und Bedürfnisse haben.

»*Sei vorsichtig*«-*Erlauber:* »Ich probiere Schritt für Schritt etwas im echten Leben aus!«

Lass Dir Zeit

Bitte lass Dir Zeit, Deine On-Treiber aus Deinem Leben auszuziehen zu lassen. Sie haben Dich über viele Jahre begleitet und hinterlassen meist zunächst erst mal eine Leere, ein Vakuum. Sie waren Dir ja bislang ein guter Kompass, um Anerkennung und das Gefühl zu erhalten: »Du bist o. k.!«

Wenn Du Dich von ihnen löst, dann kann die neue Freiheit zunächst Unsicherheit und Angst hervorrufen. Du brauchst jetzt neue Erfahrungen, wie Du jetzt »sichere« Anerkennung von außen erhältst. Und diese neuen Erfahrungen müssen sich erst mal festigen.

Aus eigener Erfahrung weiß ich, wie »frech« es sich zunächst anfühlt, wenn wir unsere Antreiber plötzlich vor die Tür schicken und wie leicht wir in unsere alten – sicheren – Muster zurückfallen. Auch hier kann ein Coach Dich gut unterstützen. Oder Du Dich selbst als Dein eigener neutraler Coach.

Es kann auch passieren, dass durch Deine Beschäftigung die kleinen Saboteure erst mal aufwachen – und Dir das Leben schwermachen. Als ich vor vielen Jahren einige meiner hartnäckigen Muster mit den oben beschriebenen Techniken auflösen wollte, da war mein erster Impuls: »Was? So ein paar popelige Fragen sollen helfen? Da habe ich mir aber schon mehr erwartet, das muss doch komplizierter sein!« Und dann erkannte ich, dass schon wieder mein »Streng Dich an«-Dauergast das Reden übernommen hatte. Und wiederholte zunächst: »Es darf auch mal leicht gehen!«

Nimm Deinen destruktiven inneren Antreibern die Zügel aus der Hand, spann Deine konstruktiven Antreiber vor Deinen Karren. Und geh jetzt daran, mit Deinem neuen Selbstbewusstsein und Selbstwertgefühl die Anforderungen im Außen gelassen zu managen und endlich auch mental abzuschalten.

Appell an Unternehmen & Führungskräfte

Glaubenssätze, Antreiber und innere Saboteure sind ein sehr privates Thema, das tief in der Psyche der Menschen verwurzelt ist. Aus diesem Grund sind dies auch keine Themen für ein Mitarbeitergespräch oder gar ein Team-Seminar. Viele Führungskräfte allerdings, die sich der Macht der inneren Stimmen sehr deutlich bewusst sind, können ihre Mitarbeiter anders – besser – führen, weil sie die Reaktionen ihrer Leute sehr viel besser verstehen können und über die richtigen Worte und Maßnahmen helfen können, dass die Saboteure ihren Mitarbeitern nicht über die Maßen das Leben schwer machen.

Einen Riesensprung in Richtung Motivation und Leistungsfreude haben viele meiner Kunden bei ihren Mitarbeitern erlebt, sobald diese in einem persönlichen Coaching an ihren inneren

Wiederständen arbeiten konnten (bei einem dafür ausgebilde-ten Coach!) oder auch mithilfe von soliden Online-Kursen mit Begleitung durch einen Coach sich die hemmenden Überzeu-gungen bewusst machen und auflösen konnten.

Arbeitgeber und Führungskräfte: Macht Eure Mitarbeiter neugierig auf den Blick hinter die Fassade, macht ihnen Lust, sich mit ihren Antreibern zu beschäftigen, entweder mit einem Artikel in der Mitarbeiterzeitschrift oder einem Impuls-Vortrag[77]. Macht Euch bitte dabei auch klar: Wir können andere Menschen nicht zwingen, mal tiefer in sich hinein zu blicken. Aber wenn immer mehr Erwachsene Lust bekommen, mal Freundschaft mit den inneren Saboteuren zu schließen, würde das das Leben aller unglaublich erleichtern. Werdet zum Lust-Macher – der Gewinn für alle wird gigantisch sein.

 **Fazit:** *Wenn wir nicht abschalten (können), dann liegt das meist an unseren inneren On-Treibern. Finde heraus, was Deine Abschalt-Bemühungen sabotiert, und mach Dir Deine On-Treiber zum Freund.*

On-Treiber #7:
Gedankenkarussell

Kleine Kinder haben eine echte Begabung: Sie können völlig im Hier und Jetzt sein, mit allen Sinnen in dem aufgehen, was sie gerade tun. Sie genießen den Moment, hadern nicht, grübeln nicht, taktieren nicht. Sie sind einfach nur.

Doch eines Tages werden sie aus dem Paradies verstoßen. Mit ungefähr sechs, sieben Jahren erlangt ihr Gehirn einen Reifegrad, mit dem sie auch ein »später« und ein »woanders« begreifen können. Und plötzlich auch verstehen, welche Auswirkungen ihr Handeln oder auch ihr Unterlassen hat.

Natürlich ist diese Entwicklung wichtig, um selbstständig zu werden. Doch wie oft würden wir Erwachsene gerne mal wieder auf diesen Reifegrad verzichten. Denn er beschert uns auch etwas, was uns erdrücken kann: mentale, kognitive Belastung. Anders ausgedrückt: unser Gedankenkarussell.

Sehen wir es positiv: Dass unser Gehirn Tag und Nacht um offene Aufgaben, Verpflichtungen, Probleme kreisen kann, ist im Kern eine gute Botschaft. Denn es zeigt, dass wir gesund sind und dass unser Oberstübchen korrekt funktioniert.

Die Kehrseite ist jedoch, dass wir in einem mentalen Dauer-»On« nie wirklich gut zur Ruhe kommen. Effekt: Körper und Geist können sich nicht mehr regenerieren – wir werden krank. Das Fatale dabei: Je gestresster wir sind, desto schwerer fällt es, uns auszuklinken, und der Druck »endlich entspannen zu wollen«, erzeugt gleich noch mehr Stress.

Wie ist das bei Dir?

Der Check: Gedankenkarussell

		Trifft eher zu	Trifft eher nicht zu
1	Mich beschäftigen derzeit Sorgen und Probleme, die mich nicht abschalten lassen.	◯	◯
2	Ich habe viele offene To-dos im Kopf und kann deshalb schwer abschalten.	◯	◯
3	Ich fühle mich getrieben, Nachrichten zu lesen/hören/sehen, weil ich Angst habe, etwas zu verpassen.	◯	◯
4	Mir ist wichtig, dass es anderen Menschen gutgeht. Deshalb mache ich mir häufig Gedanken, wie ich sie unterstützen kann.	◯	◯
5	Ich kann nicht entspannt nichts tun, wenn »woanders der Bär tobt« und ich nicht dabei bin.	◯	◯
6	Sobald mein Körper in Ruheposition ist, legt mein Gedankenkarussell so richtig los.	◯	◯
7	Ich kann gut innerlich zur Ruhe kommen und mein Gehirn »leer« machen.	◯	◯
8	Ich habe schon mal die Erfahrung von längerer, kompletter Stille gemacht.	◯	◯
9	Ich liebe es, draußen zu sein.	◯	◯
10	Ich mag Kunst und Kultur.	◯	◯
11	Ich kann bei Berührungen gut entspannen und loslassen.	◯	◯

		Trifft eher zu	Trifft eher nicht zu
12	Beim Joggen oder anderen monotonen Aktivitäten fängt mein Hirn so richtig zu rattern an.	◯	◯
13	Ich bin gerne mit mir alleine.	◯	◯
14	Ich tanke Energie, wenn ich mit anderen Menschen in einer positiven Stimmung zusammen bin.	◯	◯
15	Ich liebe körperliche Herausforderungen.	◯	◯
16	Ich spiele gerne – egal was.	◯	◯
17	Ich mag Musik.	◯	◯
18	Ich erschaffe gerne etwas mit meinen Händen.	◯	◯
19	Ich bewege mich gerne.	◯	◯
20	Ich mag Bücher, Filme oder Hörbücher/Hörspiele.	◯	◯
21	Ich mag es, wenn es warm ist.	◯	◯
22	Ich kann gut abschalten, wenn andere sich gut um alles kümmern.	◯	◯
23	Folgende Begriffe sprechen mich emotional an: eine Perlenkette, eine brennende Kerze, ein kreisendes Riesenrad (A)	◯	◯
	ein stürzender Wasserfall, ein galoppierendes Pferd, ein Kreisel (B)	◯	◯
	dahinziehende Wolken, ein stilles Meer, vom Wind verwehter Sand (C)	◯	◯

Switch off –
So schaltest Du mental ab

Zahlreiche Untersuchungen haben gezeigt, dass gedankliches Abschalten und damit das Ausblenden von beruflichen Themen, das Denken an offene Aufgaben, aber auch das Abstandgewinnen von privaten Problemen oder ungelösten Konflikten immer wichtiger werden. Wer gedanklich abschalten kann, der verbessert seine Stimmung, findet bessere Lösungen, regeneriert körperlich besser und sichert so langfristig seine Gesundheit und seinen Spaß am Tun.

> *»Ich bin für mehr Wunder und Flausen im Kopf.*
> *Für mehr Brause im Herzen und Musik in den Ohren.*
> *Für mehr frei sein und mehr Leben.«*

WAND-SPRUCH

Doch so einfach ist das nicht. Viele Menschen klagen, dass sie in ihren Auszeiten den Kopf nicht freibekommen, obwohl sie das endlose Gedankenkarussell und den »Büro- und Alltagsfilm« endlich stoppen wollen. Wissenschaftler der Deutschen Sporthochschule Köln[78] fanden heraus, dass 70 Prozent der Menschen nicht gut von Arbeit auf Erholung umschalten können. Nur etwa 20 Prozent war bewusst, dass Erholung nicht »von selbst« eintritt, sondern aktiv gestaltet und organisiert werden kann.

Seit vielen Jahren breche ich eine Lanze für individuelle Wege zum persönlichen Glück. Angefangen vom »Zeitmanagement« – bei dem kreative Chaoten völlig andere Wege gehen dürfen als die Systematiker – bis hin zur beruflichen Karriere als Lohn- oder Gehaltsempfänger oder in der unternehmerischen Ausrichtung für Selbstständige: Immer erarbeite ich mit meinen Klienten *individuelle* Wege.

Und das ist auch im Thema »Abschalten« wichtig. Ähnlich wie beim Fitnesstraining sind in puncto »Lass Mal Alles Aus« die Zeiten vorbei, als man ein »Fitnessprogramm für alle« guthieß, bei dem wir wie vom Teufel verfolgt durch die Wälder rennen und Krafttraining mit Maximalgewicht machen sollten, damit es überhaupt wirksam sei.

Auch wenn natürlich immer wieder neue Trends aufkommen, wie wir am besten abschalten können, bist letztendlich nur Du der Gradmesser dafür, was Dir wirklich hilft. Es gibt kein Richtig oder Falsch, sondern nur Deine Entscheidung, wie, wo und womit Du gedanklichen Abstand finden kannst.

Individuell statt 08/15

Wissenschaftliche Untersuchungen aus den Bereichen Medizin oder Psychologie untermauern das: Wer seine Auszeiten nicht individuell seinem Typ anpasst, erholt sich nicht richtig.

Und so solltest Du prüfen:
- Welchen inneren Takt habe ich?
- Bin ich eher der spontane kreative Chaot oder der systematische Planer?
- Was prägt meinen Alltag?
- Was sind meine Interessen?

Abschalten heißt nicht
»Probleme wegdrücken«

Wichtig vorab: Mental richtig abschalten heißt nicht, dass wir Probleme wegdrücken – die uns später umso härter wieder einholen. Es geht darum, eine tiefe innere Ruhe zu entwickeln, die das Kopfkarussell auf eine positive und damit kraftvolle Weise stoppen kann. Ja, kurzzeitig helfen uns mentale Auszeiten natürlich auch, um die Probleme besser einordnen zu können, um Kraft zu tanken und damit die Krisen zu meistern. Aber dauerhaft wäre das unsinnige Ablenkung, die Dir nicht hilft.

Was hält Deinen Kopf derzeit aktiv? Hindern Dich Sorgen am Abschalten oder sogar am erholsamen Schlafen (vgl. Aussage 1 im Check)? Dann pack diese Konflikte jetzt an. Nimm einen Zettel und schreib auf, was Dich derzeit so belastet. Formuliere konkret und so genau wie möglich. »Geldsorgen« oder »Stress in der Arbeit« ist zu allgemein – was ist es bei Dir genau? Wer oder was *genau* ist Dein Problem? Worin *genau* liegt der Zündstoff für Deine innere Aufruhr? Was *konkret* an der momentanen Situation belastet Dich? Nutz gerne die Technik der Problemkaskade[79], um dem Kernproblem auf die Spur zu kommen.

Überleg Dir dann, was ein erster kleiner Schritt wäre, um dieses Problem zu lösen oder zumindest ein bisschen weniger belastend für Dich zu machen. Was kannst Du tun? Was brauchst Du noch, um diesen ersten Schritt zu gehen? Wer kann Dich unterstützen? Setz Dir einen Termin, wann Du diesen Schritt gehen willst, und notier auch diesen auf Deinem Blatt Papier. Leg den Zettel zur Seite. Und nimm ihn erst wieder zum vereinbarten Termin zur Hand.

Dem Kernproblem auf den Grund zu gehen und alles aufzu-schreiben, hilft unseren grauen Zellen, die Dinge klarer zu sehen. Und oftmals verlieren unsere Sorgen damit auch ein Stück weit ihren Schrecken. Alles, was wir handschriftlich aufschreiben auf einen echten (!) Zettel, wird im wahrsten Sinne des Wortes greifbar – und damit machbar. Nachweislich schlagen hier Stift und Papier die digitalen Medien. Und die Suche nach dem Kern-problem tut ihr Übriges, um die schwarzen Schatten aus dem Kopf zu vertreiben, dem wahren Problem einen Namen zu geben und damit innere Ruhe zu finden.

Wirklich mental abschalten wollen

Prüf bitte auch an dieser Stelle, ob Du wirklich mental abschal-ten willst. Willst Du wirklich im tiefsten Inneren Deines Herzens den Kopf frei bekommen?

»Moment mal«, sagst Du vielleicht gerade. »Natürlich will ich endlich abschalten, sonst würde ich das hier doch alles gar nicht lesen!« Ja, mag sein, dass Du vom Verstand her wirklich abschalten willst – Dein Unterbewusstsein allerdings diesen Wunsch noch immer sabotiert. Solange aber Deine inneren Widersacher Dir noch im Wege stehen, ist es schwierig, den Kopf frei zu bekommen. Hast Du im Check bei den Aussagen 4, 5 und 6 »Trifft eher zu« angekreuzt? In diesem Fall lies bitte erst (erneut?) das Kapitel »On-Treiber #6«. Lös damit beispielsweise Deine Angst, etwas zu verpassen (FOMO), und sag »Tschüss« zum hedonistischen Genuss-Rummel. Befrei Dich aus dem alten »Sei nett!«-Muster vieler Helikoptereltern und Helfersyndrom-Betroffenen oder aus Deinem Antreiber zum News-Junkie. Erlaub Dir einen einfachen Weg, endlich mal abzuschalten, und gesteh Dir auch zu, dass es ein bisschen Zeit braucht, bis Du einen Effekt von »Off« auch deutlich spürst.

Beschäftige Dich mit Deinen inneren On-Treibern und mach damit den Weg frei zu einem echten mentalen Abschalten mit einem guten Gewissen, das auch langfristig wirkt.

Abschalten – eine Frage des inneren Taktes

Welche Antwort-Kombination hast Du im Check unter Punkt 23 gewählt? A, B oder C? Deine Entscheidung gibt Dir einen ersten Hinweis auf Deine innere Taktung, auf Dein inneres Tempo. Und zeigt Dir, ob Du eher mehr oder eher weniger Abschaltphasen in Deinem Alltag brauchst, um gesund und motiviert zu bleiben.

Die Psychologin und Journalistin Ursula Nuber[80] hat dazu drei Rhythmus-Typen und einen Check entwickelt, den Du ausführlich in Deinem Workbook zum Buch unter www.gehtjadoch.com/abschalten findest.

- Wir können ein Wiesel sein, das zukunftsorientiert lebt, Leistung und Effektivität als hohe Werte feiert. Wiesel haben keine Zeit zu verschenken und werden als Multitasker möglichst viele Dinge gleichzeitig erledigen wollen. (Begriffskombination B im Check)
- Wir können auch eine Katze sein, die eine eher »mediterrane« Lebenseinstellung hat. Katzen sind gerne aktiv, beherrschen aber auch die Kunst des Faulseins. (Begriffskombination C)

- Und wir können schließlich auch die Schildkröte sein, die einen sehr viel langsameren Takt braucht, als wir hierzulande haben. Schildkröten leiden häufig unter dem Stress und der Hektik, die ihre Umgebung ausstrahlt. (Begriffskombination A)

Wiesel, Katze oder Schildkröte – welcher Taktungstyp bist Du? Und: Sind Dein innerer und Dein äußerer Takt in Deckung? Entspannt und glücklich sind wir nämlich, wenn unsere innere Taktung den Anforderungen des Taktes von außen entspricht. Ist das nicht der Fall, dann erleben wir Stress. Und so dürfen Katze und Schildkröte schauen, dass sie ihr gelebtes Tempo drosseln, wenn sie eine zu hohe äußere Taktung stemmen müssen. Es bedeutet aber auch, dass wir auch unsere Taktung *hochfahren* dürfen, wenn wir als Katze oder Wiesel einfach zu wenig Action in unserem Umfeld vorfinden.

Ja, richtig gelesen. Um raus aus dem Stress zu kommen, geht es nicht immer darum, unser Pensum zu reduzieren! Ständig erklären uns Experten, wie wir uns mit mehr Pausen und Abschalten gegen Burn-out wappnen können. Aber sie vergessen, dass die »kleine Schwester« des Burn-outs – der Bore-out – genauso schädlich ist und krank macht!

Ein »Bore-out« (aus dem englischen boring = langweilig) hat ähnliche Symptome wie das allseits bekannte Burn-out-Syndrom. Doch hier beschert uns nicht eine permanente *Über*forderung das Gefühl von Ausgelaugtsein, sondern eine anhaltende *Unter*forderung, in Form von zu wenig Aufgaben, zu wenig Herausforderung, zu wenig Terminen, zu wenig Verpflichtungen. Weil aber natürlich niemand zugeben will, dass er sich gerade zu Tode langweilt, kaschieren die Betroffenen die Unterforderung, indem sie eine Menge Arbeit, eine Wichtigkeit und Dringlichkeit vorgaukeln, die so nicht gegeben ist. Sie reduzieren soziale Kontakte (aus Angst, entlarvt zu werden), beginnen schlecht zu schlafen, fühlen sich mit ihrer Vernebelungstaktik schlecht – und prompt wird ein Burn-out diagnostiziert und der Patient entsprechend behandelt.

Fatal – denn anstatt weniger zu tun, um sich besser zu fühlen, müssten diese Menschen mehr tun! Ihr Heilmittel gegen Bore-out heißt also »positiver Stress« (Eustress). Erkenne ich das frühzeitig genug, dann kann ich selbst aktiv werden. So wie die Befragten einer Studie von randstad, in der 31 Prozent angaben, aufgrund von Unterforderung einen neuen Job zu suchen.[81]

Finde also heraus, wo *Dein* optimales Level zwischen Anspannung und Entspannung liegt, wie viel Action und Herausforderung *Dir* guttut und wie viel Abschalten Dich in einem positiven, leistungsfähigen und freudvollen Tun hält. Gesteh Dir den Grad an »on« und »off« zu, der Dir guttut. Und mach das auch mit den Menschen in Deinem Umfeld. Werte nicht, beurteile nicht – jeder von uns tickt hier ganz anders.

Chaot oder Systematiker?

Berücksichtige bei Deinen Abschaltbemühungen auch, ob Du eher der kreative Chaot oder der systematische Macher bist. Denn: Jeder von uns hat eine andere Präferenz, wenn es um die Gestaltung von Zeit und Aufgaben geht. Und je nachdem, in welcher Präferenz-Welt Du am ehesten zu Hause bist, hat das auch eine direkte Auswirkung auf Deine individuelle und optimale On-off-Strategie. Mach den Selbstcheck »Chaot oder Systematiker« im Bonus-Bereich zum Buch (www.gehtjadoch. com/abschalten) und geh dann Deinen perfekten Weg zum echten erholsamen Abschalten.

So schalten kreative Chaoten ab

- Als »Wanda Wills Wissen« liebst Du es, neue Dinge zu lernen. Du stürzt Dich immer gerne auf Bücher, Seminare oder Online-Kurse, um neue Themen zu erarbeiten. Aus diesem Wissen dann auch etwas zu »machen«, ist Dir allerdings nicht so wichtig. Wissen und Lernen schenken Dir ein Gefühl der Zufriedenheit, und so kann Dein persönliches Abschaltprogramm darin bestehen, zu lesen, zu hören, zu lernen. Such Dir immer neue spannende Themen, in die Du eintauchen kannst. Beschäftige Deine grauen Zellen mit neuem interessantem Futter – dann können sie perfekt abschalten und auftanken. Arbeite Dich dabei auch immer wieder in neue Abschalttechniken ein.
- Als »Igor Ideenreich« liebst Du die Abwechslung und das Ausprobieren. Du bist offen für neue Hobbys und neue Möglichkeiten und wirst bei neuen Trends ganz vorne

mitmischen. Um gut abschalten zu können, ist es wichtig, dass Deine Aktivitäten nicht zur Routine werden – denn das langweilt Dich, und dann fängst Du schnell an zu grübeln und nachzudenken. Mach Dir klar, dass Du schneller neue Herausforderungen brauchst, die Deinen Kopf auch beschäftigen, als andere Menschen – und genieß das. Mach Dir auch klar, dass Du Deine Auszeiten nicht gerne lange im Voraus planst – weshalb sie oftmals im Eifer des Gefechtes auf der Strecke bleiben. Schließ einen Kompromiss zwischen Deinem starken Wunsch nach Spontanität und Deinem Bedürfnis nach Auszeiten. Plane »Me-Time« (vgl. On-Treiber #5) unbedingt in Deinen Kalender ein – und entscheide dann spontan, was Du in der freien Zeit machst.

- Als »Hanni Herzlich« bist Du gern mit anderen Menschen zusammen und oft sehr einfühlsam. Für Dich ist es deshalb besonders wichtig, dass Du in Deinen Auszeiten etwas mit Menschen machst, die glücklich sind und die nicht die gemeinsame Zeit mit Dir dazu nutzen, Dir von ihren Problemen zu erzählen. Positive Gespräche geben Dir Kraft! Sorg dafür, dass Du sie bekommst. Such Dir Gleichgesinnte für gemeinsame Abschalt-Treffen, in der Gruppe wird es Dir leichter fallen, das Gedankenkarussell zu stoppen – vor allem wenn Du ein eher extrovertierter Typ bist. Als einfühlsamer Mensch sind auch körperliche Berührungen gut für Dich, um abschalten zu können. Massagen oder warme Bäder helfen Dir deshalb gut, in einen entspannten »Off«-Modus zu kommen.

So schalten systematische Macher ab

- Als »Marc Macher« hast Du ein hohes Lebens- und Arbeitstempo und verzichtest eher auf »ruhige« Auszeiten als viele Menschen in Deinem Umfeld. Da Du jedoch auch der geborene Organisator mit einer hohen Umsetzungskompetenz bist, kannst Du ab sofort dem Thema »Abschalten« in Deinem Leben sehr gezielt nachgehen. Spiel Dein Talent für zielstrebiges Umsetzen aus: Erstell einen Maßnahmenplan mit Zielen und Deadlines für Dein persönliches Abschalten und leg los!

- Als »Ottmar Ordentlich« liebst Du eingespielte Abläufe und Routinen sowie zeitliche Planbarkeit. Erstell Dir deshalb durchdachte Tages-, Wochen und Monatspläne, in denen Zeiten für Dich und für mentales Abschalten fest eingeplant sind. Such Dir die besten Methoden raus, die Dir helfen, den Kopf frei zu bekommen – und bleibe ruhig eine Zeit lang dabei. Je mehr Routine Du mit Abschalttechniken bekommst, desto mehr werden sie Dir auch wirklich helfen. Auch Routinen im normalen Alltag geben Dir Sicherheit – was Dir hilft, weniger grübeln zu müssen.

- Als »Dr. Annaliese Logisch« magst Du alles, was klar, rational und logisch erklärbar ist. Du hinterfragst die Dinge in der Regel sehr stark, und bist »esoterischem Quatsch« als Mittel zum Abschalten eher nicht zugeneigt. Dabei könnte gerade Dir Meditation & Co. gefallen, Deine klaren Gedanken gut zu fokussieren und damit innere Stille zu erreichen. Da Du nicht gerade der emotionalste Mensch bist, hast Du den großen Vorteil, dass Dir Probleme und Konflikte emotional nicht so nahegehen (wie beispielsweise einer

»Hanni Herzlich«). Auch das kann ein erholsames Abschalten erleichtern.

Abschalten – im Kontrast liegt das Geheimnis

Wie erlebst Du momentan Deinen Alltag? Was tust Du den ganzen lieben Tag? Hast Du eher einen monotonen Job oder ständig neue Situationen, auf die Du Dich einstellen musst? Bist du viel drinnen oder viel draußen? In der Stadt? In der Natur? Denkst Du viel? Oder machst Du viel körperlich? Bist Du sehr fremdbestimmt? Oder autonom?

Um richtig gut abschalten zu können, mach ab sofort das Gegenteil von dem, was Du im Alltag erlebst. Damit sich unser Körper und unser Geist nämlich wirklich erholen können, brauchen wir Kontrasterlebnisse, fanden Erholungsforscher heraus. Und zwar nicht nur den Kontrast zwischen Anspannung und Entspannung, sondern auch den Wechsel zwischen einer Fülle von Eindrücken und einer gewissen Leere, zwischen hoher Zeittaktung und keiner Taktung, zwischen Erfüllung fremder Wünsche und Eigeninitiative.

Kontrasterlebnisse regen die Ausschüttung des Glückshormones Dopamin an. Ergebnis: Wir fühlen uns glücklich und entspannt. Wie Du am besten mental abschalten kannst, ist also eine Frage Deines normalen Alltags – und welche Kontrasterlebnisse entsprechend für Dich die besten sind.

Such Dir einen Ausgleich zu Deinen alltäglichen Aufgaben, die Dich geistig angemessen fordern, und sei auch bereit, diese Aktivitäten wieder zu beenden, wenn Du so fit darin geworden bist, dass Du sie »mit links« erledigen kannst – und sie Dich mental nicht mehr binden.

Überleg auch, welche Aktivitäten ein Kontrastprogramm zu Deinem normalen Tun sind. Wer einen eher langweiligen Job hat, der darf in seiner Freizeit ruhig mehr Action haben. Wer ständig geistig gefordert ist, braucht zum Abschalten eher körperliche Aktivitäten, die kein Hirnschmalz benötigen, während geistig eher wenig anspruchsvolle Jobs vielleicht nach einer Schachmeisterschaft schreien.

Abschalten heißt nicht »nichts denken«

Mach Dir bewusst, dass »Abschalten« nicht zwingend »Nicht-Denken« heißt oder »geistige Leere« – manchmal ist genau das Gegenteil der Fall.

Immer wieder treffe ich Menschen, die verzweifelt versuchen, den »Affengeist« in ihrem Kopf endlich mal zum Schweigen zu bringen. Doch meist erleben sie in dem Moment, in dem sie körperlich zur Ruhe kommen, dass die Gedanken dann so richtig Salti schlagen. Wie ist das bei Dir? Was hast Du bei Aussage 6 im Check angekreuzt? Trifft es eher auf Dich zu, dass die Gedanken flitzen, wenn Du ruhig wirst? Oder hast Du es – vielleicht mit viel Training – bereits geschafft, Dein Gehirn »leer« zu machen (Aussage 7)?

Halt Dir vor Augen, dass selbst buddhistische Mönche, die jeden Tag viele Stunden lang meditieren, auch keine »Stille im Kopf«, keinen »Off«-Modus erreichen. Im Gegenteil: In einem Hirnscan von Mathieu Ricard, einem Mönch am Shechen-Kloster in Katmandu mit über 10.000 Stunden Meditationserfahrung, zeigte sich, dass in der spirituellen Versenkung die sogenannte Gamma-Aktivität stark anstieg.[82] Hochfrequente Gamma-Wellen (über 30 Hertz) zeugen von kognitiven Höchstleistungen und entstehen in Momenten extremer Konzentration. Zum Vergleich: Im Tiefschlaf messen wir niederfrequente Delta-Wellen, während Alpha-Wellen (zehn Hertz) einen entspannten Wachzustand charakterisieren.

Im Klartext: Buddhistische Mönche erleben im Moment der Versenkung höchste Aufmerksamkeit. Weil sie es schaffen, ihre Aufmerksamkeit zu lenken und in einen anderen – fokussierten – Bewusstseinszustand zu kommen.

Das kannst Du tun

Mental abschalten bedeutet also nicht, geistig leer zu werden, sondern die Gedanken auf eine bestimmte Sache zu konzentrieren und damit ruhiger zu werden. Mach Dir also keinen Stress, zum Super-Meditations-Helden in geistiger Stille werden zu müssen. Sondern such Dir Deinen individuellen Weg zum mentalen »Off«.

Mental abschalten ist ein Prozess, den wir aktiv herbeiführen oder auch quasi passiv ernten können. Dabei hast Du drei Möglichkeiten:

1. den äußeren Rahmen zum Abschalten fördern
2. absichtslos abschalten
3. bewusst abschalten

Den äußeren Rahmen für innere Ruhe schaffen

Bevor wir darangehen, innerlich die Gedankenflut abzubremsen, können wir äußerlich für gute Rahmenbedingungen sorgen.

Routinen und Rituale nutzen

Auch wenn Du eher der kreative Chaot bist, können Dir Rituale oder Routinen helfen, den Kopf schneller frei zu bekommen.

- Such Dir Rituale, die Deinen Arbeitstag klar vom Privatleben trennen. Duschen und sich umziehen können solche wirksamen »Separatoren« sein, die deutlich signalisieren: »Jetzt ist Feierabend!« Oder nutz ein Wandtattoo mit »On-off«-Schrift und einen Schalter, den Du dazu umlegst.
- Achte auf Deinen Bio-Rhythmus, wann für Dich die besten »Off«-Zeiten sind. Als »Eule« macht es keinen Sinn, Dich zu früh aus der aktiven Tagesgestaltung zu nehmen, wenn alles in Dir wach ist und Dein Kopf beschäftigt sein will. Als »Lerche« hingegen werden Dir lange frühmorgendliche Stille-Meditationen vielleicht Stress bereiten, weil Du ja mit Deinem Pensum loslegen willst.
- Schaff Dir bestimmte Tabu-Zonen, in denen Du bestimmte Themen einfach nicht zulässt. Das kann das Bett sein für Problemgespräche, die Badewanne fürs Grübeln oder die Natur für geistige To-do-Listen. Das ist ähnlich wie Deine »Off«-Zonen für digitale Geräte und funktioniert super.
- Besonders wenn Du schlecht einschlafen oder durchschlafen kannst, helfen Dir abendliche Rituale, besser zur Ruhe zu kommen. Menschen, die gleiche Abfolgen in den späten Stunden erleben, stimmen Körper und Geist auf »runterfahren« ein, und nach einiger Zeit klappt das immer besser.

Ein Abendritual kann sein: essen, in Ruhe einen Tee trinken oder eine heiße Schokolade, sich im Bad fertig machen, ins Bett schlüpfen, ein Buch lesen oder ein Hörbuch hören. Licht aus.

Mit Superfood herunterfahren

Nimm auch mal Deine Essgewohnheiten unter die Lupe. Denn viele Speisen und Getränke regen innere Unruhe an, halten uns wach und in einem angespannten Zustand. Von Kaffee, schwarzem Tee oder Pfefferminztee weiß Du vielleicht inzwischen, dass sie anregend wirken und damit auch verhindern können, dass Dein Geist zur Ruhe kommt.

Nachweislich den Kopf entspannen helfen Melisse und Lavendel. Auch grüner Tee hilft dank enthaltener Polyphenole, Flavonoide und Catechine, Körper und Geist zu beruhigen. Die Aminosäure Theanin fördert außerdem die Entspannung und verbessert die Konzentration und Aufmerksamkeit. Roher Kakao entspannt dank viel Magnesium den Körper und fördert die Ausschüttung spezifischer Neurotransmitter im Gehirn. Effekt: Das allgemeine Wohlbefinden steigt. Avocados helfen dank Mineralstoffen, Eiweiß, Vitamin C und E, Ballaststoffen, Kalium und gesunden Fetten, die Stresshormone zu regulieren. Und Wildlachs beeinflusst dank hohem Omega-3-Fettsäuren-Gehalt den Serotoninspiegel im Gehirn. Serotonin ist unser Gute-Laune-Hormon.

»Iss den Kopf frei« könnte also Deine neue Challenge werden.

»Du bist, was Du isst.«
NACH: LUDWIG FEUERBACH, DEUTSCHER PHILOSOPH

Optische Ruhe schaffen

Viele Menschen erleben, dass eine schöne optische Ruhe ihnen ungemein dabei hilft, abschalten zu können. Je weniger Reize wir sehen, desto weniger fühlt sich unser Gehirn angeregt, sich mit den neuen Eindrücken auseinandersetzen zu müssen.

In Kreativitätstrainings und Innovationsworkshops gehe ich deshalb bewusst den anderen Weg, indem ich den Seminarraum mit vielen und ungewöhnlichen Gegenständen ausstatte. Denn hier wollen wir ja unsere Ideenquelle zum Sprudeln bringen. An einem leer gefegten Schreibtisch fehlen wertvolle Impulse für neue Ideen – für Kreativität das Aus, für Abschalten genau das richtige Szenario.

- Gestalte Dir eine persönliche Abschaltzone in einer aufgeräumten, minimalistischen Umgebung mit wenig optischen Reizen.
- Schaff zu Hause oder an Deinem Arbeitsplatz den Grad an optischer Ruhe, der Dich innerlich beruhigt, der aber nicht immens Zeit frisst, um den Zustand zu halten.[83] Wenn Du nämlich ständig nur am Aufräumen bist, hast Du ja keine Zeit mehr zum genussvollen Abschalten. Außer Du bist ein »Ottmar Ordentlich«, der Energie aus dem Akt des Aufräumens gewinnt. Dann nutze Aufräumen zum inneren Zur-Ruhe-Kommen.
- Räum alle (beruflichen, privaten) Utensilien oder herumliegenden Arbeitsmaterialien weg, die Dich an offene Aufgaben erinnern, oder mach die Tür zu, um mögliche Arbeiten gar nicht erst zu sehen. Nutz den positiven Effekt von »aus den Augen, aus dem Sinn«.
- Geh bewusst raus aus den eigenen vier Wänden, in die Natur oder in eine Umgebung, in der andere Menschen für

Ordnung zuständig sind. Da siehst Du zwar vielleicht, dass die Fenster geputzt werden müssten – aber weil es nicht Deine Verantwortung ist, lässt es Dich ruhig bleiben.

Offene Aufgaben-Loops einfach beenden

Du hast ein nicht enden wollendes Pensum an Aufgaben um die Ohren? Häufig lassen uns unsere zahlreichen To-dos und Verpflichtungen nicht zur Ruhe kommen (vgl. Aussage 2 im Check). Entweder weil wir uns sagen: »Wenn ich das jetzt erledigt habe, dann schalte ich mal ab« – nur um sofort vom nächsten Dringenden vereinnahmt zu werden. Oder weil uns das Unerledigte in einer Dauer-Gedankenschleife gefangen hält: Ständig kreisen unsere Gedanken um die anstehenden Aufgaben.

In so einem Loop ignorieren wir häufig unser Bedürfnis nach Abschalten, überhören die innere Stimme nach Ruhe oder pressen allenfalls Pseudo-Auszeiten auf der Yogamatte in unseren übervollen Terminkalender. Nur um im »Herabschauenden Hund« geistig die To-do-Liste für den morgigen Tag zu erstellen. Erholung geht anders!

Seit vielen Jahren werde ich nicht müde, allen fleißigen Menschen deshalb die Idee der Reisenden To-do-Sammlung ans Herz zu legen. Die Betonung liegt dabei auf dem Wort »Sammlung«. Denn hier erlaubst Du Dir, alles aufzuschreiben, was Dir an offenen Themen durch den Kopf schießt – ohne dass Du den Anspruch an Dich hast, diese Dinge auch zu erledigen. Das ist wichtig und unterscheidet die Sammlung von der herkömmlich bekannten To-do-Liste. Im Folgenden erfährst Du, warum eine To-do-Liste nicht immer hilfreich ist:

Ideal für kreative Chaoten: Sammlung statt Liste

To-do-Listen haben ausgedient. In der Regel wachsen sie nämlich schneller, als wir sie abarbeiten können, und entsprechend wächst auch unser schlechtes Gewissen, dass wir einfach nicht effizient, engagiert oder organisiert genug sind, um der Aufgaben Herr zu werden. Besonders wenn Du eher ein kreativer Chaot bist, ein Ideensprudler oder ein hilfsbereiter Unterstützer, dann ähneln Deine To-do-Listen einem fünfseitigen Brainstorming, was Du alles machen musst, was Du machen könntest, wem Du schon längst was versprochen hast und was Dir dabei auch noch einfällt. Und wenn Du jetzt denkst, Du musst das alles auch wirklich tun – dann ist der Stress schon da, bevor der Tag überhaupt losgeht.

Den VUCA-Alltag mit einer 1.000 Jahre alten Methode stemmen?

Und auch wenn Dein Alltag eher agil und dynamisch ist, Du also in einer »VUCA-World« lebst oder arbeitest (volatil, unsicher, chaotisch, agil), dann erzeugen To-do-Listen mehr Stress als Produktivität. Der Grund: In einem dynamischen Alltag verändern sich Prioritäten sehr schnell, kommen permanent neue Aufgaben hinzu – und da kommt eine Liste einfach nicht mehr mit.

Halten wir uns vor Augen, dass die To-do-Liste als Selbstmanagement-Methode mindestens tausend Jahre alt ist! Die älteste überlieferte To-do-Liste, die ich bislang gefunden habe, ist eine Einkaufsliste von zwei tibetischen Mönchen aus dem 9. Jahrhundert. Ja, ich glaube, im 9. Jahrhundert konnte in einem Kloster in Tibet eine realistische Liste erstellt werden, die die Mönche in Ruhe abarbeiten konnten – vor allem wenn es sich um eine Einkaufsliste handelte. Auch im 15. Jahrhundert waren solche Listen beliebt: Leonardo da Vinci erstellte 1489 eine »Noch zu erforschen«-To-do-Liste: »Schließen der Augenlider, Heben der Augenlider, Senken der Augenlider, Augenschließen, Augenöffnen, was ist Niesen, was ist Gähnen.« [84]

Mag sein, dass die Menschen früher die Muße hatten, alles Geplante auch wirklich zu tun – heute ist dieser hehre Anspruch an uns völlig überzogen. Denn heute, wo neue Aufgaben schneller aufpoppen, als uns lieb ist, und wo wir ständig aus der Arbeit gerissen werden (außer Du setzt die Impulse aus den On-Treiber-Kapiteln #1 und #2 um), ist der Ehrgeiz, in der Früh festzulegen, was wir bis abends tatsächlich erledigen werden, völlig veraltet.

Aufschreiben macht den Kopf frei

Deshalb lös Dich von der Zwangs-Erledigungs-Vorstellung der Liste und schreib Dir lieber eine Aufgaben-*Sammlung*. Warum das hilft? Solange wir Unerledigtes im Kopf haben, baut unser Gehirn eine Spannung auf, die uns in einer Grunderregung hält. Und je mehr offene Loops, also unerledigte Dinge, wir im Hinterkopf haben, desto mehr verlieren wir die Übersicht, fühlen uns überlastet und gestresst. Unser Gehirn kann es schier nicht aushalten, wenn Dinge keinen Abschluss haben, und erinnert sich ständig daran. Deshalb lassen uns offene Aufgaben oder auch Probleme nachts nicht schlafen – die Synapsen spielen Fußball. Ähnliches kennst Du vielleicht, wenn Du Serien schaust. Am Ende machen die Filmemacher ein neues Fass auf und treiben uns mit einem bewusst gesetzten »Cliffhanger« dazu, in Netflix zu versumpfen. Es fällt uns schwer, jetzt nicht »nur schnell noch« zu schauen, wie es weitergeht – und der Tag ist gelaufen.

Unser Gehirn schreit nach einem Ende, einem »Erledigt-Häkchen«. Aber natürlich können wir heutzutage nicht sofort alles erledigen, was daherkommt – auch wenn die »Sofortness« uns dazu treibt und es auch regelrecht glücklich macht, Dinge zu beenden. Weil wir aber immer mehr zu tun haben und neue Aufgaben schneller kommen, als wir sie erledigen können, brauchen wir einen anderen Weg, um die mentale Spannung abzubauen.

Und dieser Weg heißt »Aufschreiben«. Aufschreiben macht den Kopf frei, schließt bildlich gesprochen all die »offenen Schubladen« im Oberstübchen und gibt Dir damit die Freiheit und die Energie, endlich mal produktiv und konzentriert zu sein – oder eben mal endlich abzuschalten.

Aufschreiben lässt Dich schneller einschlafen

In einer Studie konnten Forscher der Baylor University sogar nachweisen, dass Probanden, die abends ihre Aufgaben für den nächsten Tag notierten, neun Minuten schneller einschliefen als die Vergleichsgruppe, die eine Art Tagesrückblick schrieb.[85]

Seit ich 2002 erstmals die Idee der Aufgabensammlung präsentierte, haben viele Tausend Menschen damit Ruhe in ihre grauen Zellen bringen können. Als Werkzeug für agiles Arbeiten ist die Aufgabensammlung heute auch unter dem Begriff »Aufgabenspeicher« oder »Task Board« bekannt und wird in vielen Unternehmen genutzt.

Such auch Du Dir ein schönes Büchlein, ein Kanban-Board mit Klebezetteln, eine gute App oder ein anderes digitales

Hilfsmittel, um Deine Aufgaben zu sammeln – und um damit das Gedankenkarussell zu stoppen. Mehr Ideen dazu und wie Du genau mit der Reisenden To-do-Sammlung dann weiterarbeitest, findest Du in einem Blog-Beitrag in der GlüXX-Factory.[86]

Absichtslos abschalten

Am leichtesten bekommen wir den Kopf frei, wenn wir gar nicht daran denken, dass wir abschalten wollen. Wenn es einfach wie nebenbei passiert, weil unsere Gedanken mit etwas Fesselndem beschäftigt sind. Wenn wir völlig absichtslos die grauen Zellen weglotsen von Sorgen, Aufgaben, Konflikten. Insofern können wir eher von einem »Umschalten« sprechen als von einem »Abschalten«.

Umschalten statt abschalten klappt ganz einfach, wenn Du etwas tust, bei dem auch Dein Kopf gefordert ist! Erinnerst Du Dich an unsere Überlegungen zum Thema »Multitasking« (vgl. On-Treiber #1)? Ja, wir können multitasken, wenn *verschiedene* Areale unseres Gehirns beschäftigt sind – was der Fall ist, wenn wir Routineabläufe oder monotone Tätigkeiten erledigen.

Wunder Dich deshalb nicht, dass bei monotonen Bewegungsabläufen wie abspülen, bügeln oder joggen Dein Oberstübchen schon wieder mal ein Eigenleben beginnt. Das ist völlig nachvollziehbar – denn selbst wenn Du körperlich aktiv bist, braucht Dein Hirn sich bei einfachen Abläufen nicht mehr zu beteiligen. Und »einfache Abläufe« bedeutet: für *Dich* einfach. Mag sein, dass Dein Freund sich auf einer blauen Skipiste völlig konzentrieren muss, um im Pflug das Hügelchen herabzukommen, während Du als alter Ski-Hase die Piste runterwedelst und in Gedanken schon das Abendessen kochst.

Hinzu kommt: Je häufiger wir bestimmte Aktivitäten machen, je erfahrener wir bei einem bestimmten Hobby oder bei einer Tätigkeit sind, desto weniger muss sich unser Gehirn auch dann anstrengen. Und desto eher beginnen wir schon wieder mit dem leidigen »Herumhirnen«.

Sobald wir es aber mit ungewohnten Bewegungsmustern zu tun haben, ernten wir automatisch geistige Erholung. Und das bedeutet, dass Du Dir Aktivitäten suchen darfst, die abwechslungsreich sind und die auch Dein Gehirn beanspruchen. Welche das sind, hängt jetzt ganz stark von Deinen Interessen ab. Was hast Du im Kurzcheck bei den Aussagen 9, 10, 11, 15, 16, 17, 18, 19, 20 und 21 angekreuzt? Deine Auswahl zeigt Dir sehr deutlich, wo Deine Interessen liegen – und wo nicht. Schöpfe also aus der Fülle der uns heute offenstehenden Möglichkeiten, um abzuschalten und gedanklich im Hier und Jetzt zu sein. Egal ob Sport oder Kultur, egal ob Musik oder Natur – alle Aktivitäten, die eine hohe mentale Konzentration erfordern, sind super, um den Kopf von Alltagskram frei zu bekommen. Hier ein paar Anregungen, die Dir über Deine bisherigen Hobbys und Aktivitäten hinaus neue Impulse geben können.

Sport & Spiel

Besonders gut beim Abschalten helfen uns körperliche Aktivitäten wie Hochseilgarten-Klettern, Mountainbiken, Golfen, Bogenschießen, Bouldern oder (Paar-)Tanzen, weil sie gleichzeitig den Geist beschäftigen. Auch Mannschaftssportarten wie Volleyball, Tennis oder Fußball helfen beim Abschalten vom Alltag, weil wir mental voll dabei sein müssen. Ausdauersportarten mit eingespielten Bewegungsmustern (Joggen, Schwimmen, Walken) sind hingegen weniger gut geeignet, weil wir damit

Hirnkapazität frei haben zum Problemewälzen. In diesem Fall bringt uns Intervall-Training oder Aktiv-Sein in unbekanntem Gelände den nötigen Fokus.

Meist sorgt auch jede Form von Spielen dafür, dass wir mit der Aufmerksamkeit im Tun bleiben. Egal ob Brettspiele, Gruppenspiele, die gerade so populären »Escape-Rooms«, Geocaching, Kartenspiele oder auch eigene Theaterrollen oder Improtheater – sobald unser Spieltrieb geweckt ist, haben es graue Alltagsgedanken schwer.

Abraten würde ich Dir in unserem Fall von Computerspielen – denn vielleicht willst Du ja auch digital abschalten, und dann wäre diese Form von Aktivität völlig kontraproduktiv.

Such Dir also körperliche Aktivitäten, die auch den Geist beschäftigen – manche von ihnen (z. B. Bewegung und Spielen) sorgen zudem dafür, dass wir Glückshormone ausschütten.[87] Fein, oder?

Kunst & Kultur

Kulturelle Aktivitäten schaffen ein Aufgehen im Hier und Jetzt, solange wir sie spannend und interessant finden. Fesselnde Wort-Stücke, emotionale Konzerte, der Live-Auftritt Deiner Lieblingsband – all das lässt den Alltag komplett vor der Tür, während die vierstündige Wagner-Oper Dich vielleicht gedanklich abschweifen lässt.

Auch Ausstellungen können Dich in anderen Welten versinken lassen, vor allem wenn Du in die Tiefen blicken kannst im Rahmen einer spannenden Führung. Und natürlich sind intellektuelle Gespräche mit Tiefgang, mit guten Freunden oder in einem Philosophie- oder Literaturclub ein guter Alltagskontrast für Hobby-Kultur-Begeisterte.

Kreativ & aktiv werden

Alle Hobbys, bei denen wir geistig aktiv oder kreativ werden, sowie neue Dinge, die wir lernen, sind ein wertvolles Gegenprogramm zum Grübeln: Malen, fotografieren, zeichnen, Spanisch lernen, schnitzen, trommeln, musizieren, kochen, Schach spielen, Sudokus lösen oder singen – all das hat den angenehmen Effekt, dass wir den Kopf frei bekommen, ohne es wirklich zu bemerken. Auch super: etwas mit Deinen Händen erschaffen (nähen, basteln, kneten oder gärtnern).

Spannende Bücher, Filme oder Hörbücher

Kennst Du das, wenn Du komplett in die Welten von spannenden Büchern, Filmen oder Hörbüchern abtauchst? Wenn die Handlung Dich packt, Dich mitnimmt und Dich kaum wieder loslässt? Autoren, die das schaffen, sind begnadete Abschalt-Spezialisten. Denn sie helfen uns auf eine geniale Art und Weise, alles andere um uns herum zu vergessen – und das ist es ja, was wir wollen. Selbst eher seichte Filme oder Serien können das schaffen und auf eine leichte und lockere Art für mentale Erholung sorgen. Du magst es nicht so easy? Dann schau Dir Filme und Serien in der ausländischen Originalfassung an, vielleicht mit den fremdsprachlichen Untertiteln – da hast Du gar keine Zeit mehr, an irgendetwas anderes zu denken.

Zeit mit netten Menschen

Das gilt auch für schöne Momente mit Freunden, angeregte Gespräche (über andere Themen als unseren Alltag!) und gemeinsame Unternehmungen. Allerdings nur, wenn Du eher der extrovertierte Mensch bist. Hast Du bei Aussage 14 »Trifft eher zu« angekreuzt, dann tankst Du in Gesellschaft auf, während ein eher introvertierter Mensch (Aussage 13) besser abschalten und auftanken kann, wenn er für sich ist (s. u.).

Als geselliger Mensch wirst Du gut abschalten können, wenn Du Dich sozial engagierst, in den Chor gehst oder in den Skiclub, wenn Du in einem Verein aktiv bist, Ausflüge organisierst oder Gruppenreisen unternimmst.

Rückzug

Eine alte Faustformel sagt: Ein introvertierter Mensch, der eine Stunde unter anderen Menschen ist, braucht etwa zwei Stunden Rückzug, um wieder Energie zu laden. Introvertierte Menschen sind die Akkus – sie brauchen Rückzug an der Steckdose, um aufzuladen, während extrovertierte Menschen eher die Solarzellen sind, die auftanken mitten im Geschehen.

Wundere Dich also nicht, wenn Du nach einer vollen Woche mit zahlreichen Terminen oder langen Stunden mit Kollegen (im Großraumbüro) nur noch Deine Ruhe, ein gutes Buch und einen Tee haben willst statt Party mit super Musik und netten Leuten.

Und mach Dir klar, dass auch in Deiner Brust zwei Herzen schlagen können. Ich persönlich liebe es beispielsweise, unter Menschen zu sein, und komme erfüllt von einem Vortrag oder einem Seminar zurück. Doch dann habe ich auch gerne meine Ruhe, möchte nicht telefonieren und freue mich auch über ein digitales »Off«.

Natur durchlüftet den Kopf

Stubenhockern entgeht eine Menge. Denn jüngste Studien belegen, dass nichts uns so gut unterstützt beim Abschalten und Erholen wie die freie Natur. Nicht nur weil die natürlichen Aromastoffe im Wald, am Meer und auf den Wiesen auf unser

Immunsystem einwirken. Nicht nur weil die Natur uns ein fulminantes Büfett an Sinneseindrücken bietet: erdige Gerüche, Zwitschern und Rauschen, die borkige Rinde eines Baumes unter der Hand, die Luft auf den Lippen, der Wind in den Haaren, die Wärme der Sonne, das Streicheln des Regens. Sondern auch, weil die Natur vor vielen Jahrhunderten unser Zuhause war und uns heute das Gefühl von Heimkehr geben kann. Und damit verbunden das Gefühl von Geborgenheit, Angekommensein, Sich-fallenlassen-Dürfen, Abschalten.

Kein Wunder, dass sich »Waldbaden« als neuer Trend auch bei uns schnell durchsetzen konnte. Die fernöstliche Tradition *Shinrin-yoku* (japanisch für Wald(luft)bad) wurde Anfang der 1980er Jahre vom japanischen Landwirtschaftsministerium eingeführt und wies mit einem millionenschweren Forschungsprogramm die medizinische Wirkung des Waldbadens nach. Vor zwölf Jahren eröffneten die Japaner das erste Zentrum für »Waldtherapie«, an japanischen Universitäten können sich Fachärzte heute auf »Waldmedizin« spezialisieren.

Genial einfach, genial wirksam! Geh einfach raus in die Natur, entschleunige, nimm achtsam mit allen Sinnen wahr – und spür, wie Du genussvoll abschalten kannst.

Bewusst abschalten

Und wie funktioniert es, wenn Du mental abschalten willst, ohne dazu eine andere Aktivität ausüben zu müssen? Wenn Du also ein »Off« nicht automatisch als Nebeneffekt ernten willst, sondern es ganz bewusst und aktiv herbeiführen willst?

»Denken Sie einfach an etwas Positives«, empfehlen Wissenschaftler diverser Disziplinen. »Wende Dein Gesicht der Sonne zu, dann fallen die Schatten hinter Dich«, sagen die Afrikaner in einem Sprichwort. Die klinische Psychologie nennt es schlicht: Wahrnehmungslenkung. Bewusst auf etwas anderes achten als auf das, was uns im Kopf herumspukt, macht uns innerlich ruhig. In einer Stress-Studie beruhigten sich Testpersonen sogar elf Minuten eher, wenn sie sich gedanklich ablenkten.[88]

Wahrnehmungslenkung heißt, dass Du Deine Aufmerksamkeit bewusst auf eine positive, kraftgebende Beobachtung lenkst. So wie oben beim Waldbaden beschrieben, dass Du bewusst alle Deine Sinne schärfst und hörst, riechst, schmeckst, fühlst, was gerade um Dich ist.

Du erinnerst Dich: Buddhistische Mönche sind auch nicht »leer« beim Meditieren, sondern fokussieren sich auf einen Gedanken, ein Bild, eine Wahrnehmung. Und so kannst Du bewusst steuern, worauf Du Deine Gedanken fokussieren willst.

Versinken in der inneren Stille dank Meditation

Als Ideal haben wir da häufig den völlig in sich versunkenen Guru unter dem Boddhibaum vor Augen, der auch im Alltag in sich ruht und gelassen durchs Leben schreitet. Manche Menschen schaffen es tatsächlich, minuten- bis stundenlang zu sitzen, innerlich zur Ruhe zu kommen, den Geist zu klären und ohne weitere Hilfsmittel erfrischt danach ihren Aufgaben nachzugehen.

So wie Jogger das »Runner's High« kennen, erleben manche Meditations-Eleven auch einen besonderen Bewusstseinszustand, eine Trance oder eine außerkörperliche Erfahrung, die sie gut gegen Stress im Alltag wappnen kann. Ohne weitere

Hilfsmittel nur mit Meditation in sich zu versinken, ist für viele Menschen die Krönung des Abschaltens, der Olymp von »Lass Mal Alles Aus«.

Und auch Du kannst das lernen. Zahlreiche Volkshochschulen, Seminarhäuser, Tempel und Klöster oder auch Ayurveda- oder Wellness-Hotels bieten heute gute Meditationskurse an. Der Vorteil mit einem Lehrer und einer Gruppe: Die Energie der anderen trägt Dich und die professionelle Anleitung unterstützt Dich perfekt dabei, Dich vertrauensvoll fallen zu lassen und wirklich abschalten zu können.

Auch CDs, Podcasts oder Online-Kurse können Dich gut in die Millionen von weltweit praktizierten und sehr unterschiedlichen Techniken der Meditation einführen: Zazen, Geh-Meditation, Dynamische Meditation von Osho, Metta (buddhistische Meditation für liebende Güte), Vipassana und viele mehr.

Natürlich braucht es Training, um wirklich geistig abzuschalten. Minutenlang allein dem Atem zu lauschen ist bereits eine Übung für Fortgeschrittene. Aber selbst wenn Du es nur kurze Momente lang schaffst – Du bist auf dem erfolgreichen Weg. Hilfreich können dabei Meditations-Apps[89] sein, die Dich Schritt für Schritt in die Stille begleiten. Diese aber bitte nicht nutzen, wenn Du Digital Detox machen willst!

»Landkarten« zum Abschalten folgen

Statt auf komplette geistige Stille zu zielen, fällt es vielen Menschen leichter, mental abzuschalten, indem sie einer Art Landkarte folgen, einem vorgegebenen Weg. So sind Bodyscan-Techniken ein simples, aber wirkungsvolles Mittel, um die Gedanken auf Spur zu halten. Beim Bodyscan richtest Du nach und nach Deine Aufmerksamkeit auf bestimmte Regionen Deines

Körpers, indem Du bewusst von den Füßen bis in den kleinen Finger atmest oder indem Du nach und nach die einzelnen Muskeln loslässt. In Achtsamkeitstrainings kombinieren manche Anbieter Bodyscan mit Yoga und Meditation, aber auch als alleinige Methode wirkt der Bodyscan gut und – mit ein bisschen Training – schnell.

Bodyscan-Landkarten können sein:

- Atemübungen, z. B. indem Du Dir vorstellst, einen besonderen Geruch oder eine schöne Farbe einzuatmen, der oder die sich von der Nase aus nach und nach im ganzen Körper verteilt, vom kleinen Zeh bis zur Haarwurzel.
- Progressive Muskelentspannung, bei der Du einzelne Muskelgruppen gezielt anspannst und wieder entspannst und mit Sätzen wie »Mein rechter Arm ist strömend warm« begleitest. Gerade für verkopfte Menschen ist die Kombination aus Muskeltätigkeit und innerem Monolog gut geeignet.
- Mini-Moves, wie z. B. der Zehenwackler, bei dem Du gleichzeitig und bewusst mit Deinen großen Zehen wackelst und damit die Aufmerksamkeit vom Kopf nach unten lenkst.
- Wenn Du gerne berührt wirst, nutz Massagen, Reiki und sanfte Berührungen, um nach und nach Deinen Körper zu entspannen und damit den Geist zu beruhigen.
- Selbst warme, genussvolle Duschen können eine Art Führung sein, der Du in Gedanken folgst.

Mit Aufmerksamkeit den Körper »entlangzugehen« ist auch eine prima Methode, wenn Du abends oder nachts nicht (mehr) einschlafen kannst. Anstatt Dich über Deine Einschlafprobleme zu ärgern, freu Dich, dass Du in einem warmen Bett liegst, halt

Dir vor Augen, dass bereits ausruhen Deinen Akku lädt. Atme tief und langsam ein und aus, während Du Deine Gedanken auf Deinen Körper lenkst (z. B. in Kombination mit der Progressiven Muskelentspannung). Vielleicht erinnerst Du Dich auch an die Nasenwechselatmung oder an die 4-7-8-Atemtechnik aus meinem Buch »LMAA«?[90] Solche Atemtechniken in Verbindung mit »Landkarten«, die wir gedanklich ablaufen, fahren uns mental wunderbar runter.

Verlängerte Wahrnehmungszeit

Abschalten hat auch viel mit Achtsamkeit zu tun, damit, im Moment zu sein, nicht zu werten, nur wahrzunehmen. Eine bewusst verlängerte Wahrnehmungszeit beruhigt dabei den Geist und macht uns fokussiert.

Schau Dir beispielsweise rund vier Sekunden lang eine Blume, einen Baum oder einen schönen Brunnen an. Riech aufmerksam an einer blühenden Blume, nimm den ersten Bissen Deines Kantinenessens bewusst auf die Zunge und erschmeck die Zutaten. Eine bewusst verlängerte Wahrnehmungszeit ist auch eine prima Übung, wenn Du unter dem im On-Treiber #1 angesprochenen »Attention Deficit Trait« leidest, also dem zu schnellen Springen von einem Thema ins nächste. Indem wir bewusst bei alltäglichen Handgriffen entschleunigen, fahren wir auch das Tempo herunter, wenn wir unbewusst switchen wollen.

Zusätzlich kannst Du bei jedem neuen Gedankenblitz, der Dich von einer laufenden Aufgabe abziehen will, auch die Idee der Reisenden To-do-Sammlung nutzen: Notier kurz den Geistesblitz und kehr zu dem zurück, was Du gerade tust.

Bilder und Geschichten ebnen den Weg zum Abschalten

Hast Du schon mal auf einem »Wolkenbänkchen« gesessen? Oder »den alten Drachen mit dem Schwanz wackeln lassen«? Was sich nach Kinderspielen anhört, hat eine jahrhundertealte Tradition und stammt aus dem Qigong oder dem Tai-Chi. Mit fließenden, langsamen Bewegungen und starken Visualisierungen bringen wir in diesen fernöstlichen Übungsmethoden Körper und Geist zusammen. Die fantasievollen Beschreibungen und Namen für die einzelnen Bewegungen helfen besonders sehr verkopften Menschen, im Hier und Jetzt zu sein. Denn es ist schwierig, »die Sonne zu schieben« und gleichzeitig den Vortrag für morgen vorzubereiten. Die körperliche Bewegung hilft zudem, das Hirn zu beschäftigen.

Such Dir deshalb Entspannungsmethoden, die mit Visualisierungen und Bewegung arbeiten, das fordert den Geist maximal heraus und bringt ihn so wunderbar zum Abschalten.

Methoden dafür sind:

- Tai-Chi
- Qigong
- manche Yoga-Arten

Gedankenführen erleichtert das Abschalten

Komm schneller zum Abschalt-Erfolg, indem Du einfach für deine aktiv inszenierten »Off«-Zeiten mentale Unterstützung nimmst. Schick Deine Gedanken auf eine positive Reise, indem Du sie von außen lenken lässt.

Gute Gedanken-Reiseführer können sein:

- Entspannungsmusik, in die Du Dich fallen lassen kannst
- angeleitete Fantasiereisen

- musikalisch und verbal geführte Meditationen als Audio oder als App (s. o.)
- Autogenes Training
- Affirmationen (z. B. »mein Kopf ist frei und klar, die Gedanken ziehen wie Wolken in den blauen Himmel«)
- das Denken an Deinen »Moment of Excellence« – eine besondere Situation in Deinem Leben, die Dich glücklich gemacht hat.[91]

Bewusstes Wahrnehmen führt zu bewusstem Abschalten

Such Dir also bewusste Bilder, Körperstellen oder Sätze, auf die Du Deine Wahrnehmung und damit Deine Aufmerksamkeit lenkst. Das Schöne daran: All diese mentalen Übungen kannst Du immer und überall machen: in langweiligen Meetings, in der Bahn, unter der Dusche. Achtsam mit voller Konzentration spüren, hören, riechen, schmecken, fühlen ist eine einzigartige Methode, die kein Multitasking zulässt. Oder versuch mal den Geschmack einer reifen Tomate auf der Zunge zu ergründen und gleichzeitig im Kopf ein Gespräch für den morgigen Tag vorzubereiten – keine Chance!

Schick Deinen Geist auf kraftvolle Reisen und genieß diese Abschaltmomente. Und falls doch ein blöder Alltagsgedanke dazwischengrätscht – lass ihn ziehen. Nimm wahr, dass ein Gedanke kam, und geh bewusst zu dem Gegenstand oder Thema zurück, auf den oder das Du Dich gerade konzentrieren willst.

Sei nicht ehrgeizig, sondern lass es einfach geschehen. Am besten schalten wir ab, wenn wir auch unseren Perfektionismus und die Leistungsgedanken loslassen.

Viel Spaß!

Appell an Unternehmen & Führungskräfte

Mental abschalten können wir lernen. Aus diesem Grund ermuntere ich alle Unternehmen und Führungskräfte, ihren Mitarbeitern entsprechend Zugang zu den zahlreichen Möglichkeiten wie oben beschrieben zu geben. Helft Euren Mitarbeitern, dass sie in der Mittagspause oder nach Feierabend Yoga, Achtsamkeits-Kurse oder geführte Meditationen machen, geht Kooperationen mit Veranstaltern vor Ort ein (Fitnesscenter, Yoga-Häuser, Volkshochschulen) und schafft auch die äußeren Bedingungen: Verschenkt Reisende To-do-Sammlungen, schickt Eure Mitarbeiter in Seminare, wo sie lernen, sich abzuschotten und abzuschalten, oder überlegt gemeinsam, mit welchen Hilfsmitteln Eure Leute ganz absichtslos abschalten können: Kicker in der Cafeteria, gemeinsame Ausflüge oder Unternehmungen.

Holt Euch einen »Gesundheitsberater« ins Haus, der mentales Abschalten auf Eure Bedürfnisse maßschneidern kann. Oftmals sind dazu die örtlichen Krankenkassen ein guter Ansprechpartner oder freie Berater vor Ort. Investiert in die Ruhe im Kopf Eurer Mitarbeiter. Denn in der Ruhe entsteht Kraft.

Fazit: *Wie wir am besten mental abschalten, hängt von unserer inneren Taktung, unseren Präferenzen, unserem normalen Alltag sowie unseren Interessen ab. Wobei »Abschalten« nicht »geistige Leere« bedeuten muss, sondern ein bewusstes Lenken unserer Wahrnehmung auf angenehme Eindrücke. Und das können wir trainieren.*

Mehr Impulse
von Cordula Nussbaum

Bücher/Hörbücher (Auswahl)

LMAA – 66 Mini-Plädoyers für mehr Mut, Leichtigkeit und Gelassenheit, GABAL 2018 (auch als Hörbuch-Ausgabe erhältlich von 2019)

Geht ja doch! Wie Sie mit 5 Fragen Ihr Leben verändern, GABAL 2015 (Hörbuch-Ausgabe von 2015)

Organisieren Sie noch oder leben Sie schon? Zeitmanagement für kreative Chaoten, Campus (3. Auflage) 2017 (Hörbuch-Ausgabe von 2011)

Zeitmanagement. Mein Übungsbuch, Gräfe und Unzer (5. Auflage) 2019

Mir reichts, ich geh schaukeln. Der ganz normale Wahnsinn im Büro und wie man da nicht verrückt wird (mit Katja Schnitzler), Bastei Lübbe 2019

Bunte Vögel fliegen höher. Die Karriere-Geheimnisse der kreativen Chaoten, Campus 2012

111 Lifehacks: Die besten und einfachsten Ideen, mit denen Sie mehr Zeit fürs Leben gewinnen, Campus für kreative Chaoten, 2015

Meine GlüXX-Factory – So mache ich mich einfach glücklich!, Campus 2019

Online-Kurse

Innere Saboteure zu Freunden machen! Der Online-Kurs mit
    Live-Begleitung

Geht ja doch! Das 12-Wochen-Power-eCoaching für ein erfülltes
    Leben

Mehr Zeit für mich! Der 10-Tage-Kompakt-Kurs (in drei eigen-
    ständigen Editionen für Angestellte, Selbstständige und
    Führungskräfte)

Dreamday – Ziele, Wünsche, Visionen: der Eintages-Online-Kurs
    für mehr Power im kommenden Jahr

Mehr Infos zu den Online-Kursen:
www.gehtjadoch.com

Gratis-Tipps zum Lesen, Hören, Sehen

News-to-use – der monatliche Coachingbrief für mehr
    Zeit und Zufriedenheit (www.kreative-chaoten.com)

GlüXX-Factory – der Selbstmanagement-BLOG unter
    www.gluexx-factory.de

Kreatives Zeitmanagement – der Podcast
    (www.gluexx-factory.de sowie auf iTunes, Spotify etc.)

Kreatives Zeitmanagement – der VLOG
    (www.youtube.com/cordulanussbaum)

Follow me on Facebook, twitter, Instagram

So kann es für Dich weitergehen

"Die Expertin auf der Bühne im Stadtsaal hält ihr Publikum 90 Minuten lang bei Laune."
Süddeutsche Zeitung

● Lass Dich und Dein Team inspirieren mit einem zündenden und humorvollen **Vortrag**.

● Geh tiefer mit einem **Workshop**.

● Oder arbeite an Deinen ganz persönlichen LMAA-Strategien im **persönlichen Coaching**.

Mehr Infos findest Du unter www.Kreative-Chaoten.com

Ich freue mich auf Dich.

Deine Cordula Nussbaum

Quellenverzeichnis

1 Vgl. SPIEGEL ONLINE/stx/rtr: Hektik-Ranking – Singapur hat die schnellsten Fußgänger. In: SPIEGEL ONLINE. 2.5.2007. http://www.spiegel.de/wissenschaft/mensch/hektik-ranking-singapur-hat-die-schnellsten-fussgaenger-a-480616.html [27.3.2019] sowie: Da Forno, Reto, Dahinden, Michael et al. (ETH Zürich): Speed of Life: Wie schnell läuft ein Schweizer?. In: Gruppenarbeit bei Prof. A. Diekmann. 29.11.2011. https://www.ethz.ch/content/dam/ethz/special-interest/gess/chair-of-sociology-dam/documents/education/mtu/speed_of_life.pdf [27.3.2019]

2 Weingarten, Susanne, Musall, Bettina (Hrsg.): Endlich Zeit: Entspannt und im richtigen Tempo leben – Ein SPIEGEL-Buch, Penguin, München, 1. Auflage 2018, S. 71 f.

3 Vgl. Mohr, Joachim: Die Entdeckung der Zeit. In: Der Spiegel Geschichte, 01/2015, SPIEGEL-Verlag, Hamburg, 2015, S. 41.

4 Zit. nach: Giersch, Thorsten: Der Kampf gegen die Zeitknappheit. In: Handelsblatt vom 29.8.2015, auch hier: https://www.handelsblatt.com/unternehmen/beruf-und-buero/wirtschaft_erlesen/stress-hektik-und-keine-ruhe-der-kampf-gegen-die-zeitknappheit/12166744.html

5 Illies, Florian: 1913: Der Sommer des Jahrhunderts, FISCHER Taschenbuch; Frankfurt, 5. Auflage: 2014, S. 90 und S. 229.

6 Zitiert nach: Hank, Rainer: »Es sind die Nerven!«. In: FAZ vom 26.04.2014, auch hier: https://www.faz.net/aktuell/wirtschaft/menschen-wirtschaft/der-burnout-des-fin-de-siecle-hiess-neurasthenie-12902952.html?printPagedArticle=true#pageIndex_0

7 Vgl. Bundesministerium für Arbeit und Soziales: Sicherheit und Gesundheit bei der Arbeit, Berichtsjahr 2017 Bericht der Bundesregierung über den Stand von Sicherheit und Gesundheit bei der Arbeit und über das Unfall- und Berufskrankheitengeschehen in der Bundesrepublik Deutschland im Jahre 2017, S. 117.

8 Vgl. ebd. S. 114.

9 Vgl. Bayer Vital GmbH: Burn-Out im Kinderzimmer: Wie gestresst sind Kinder und Jugendliche in Deutschland? In: Presseportal. 25.6.2015. https://www.presseportal.de/pm/113164/3056160 [27.3.2019]

10 Vgl. Kulke, Ulli: Unterbrechung – In den Klauen der Zeitfresser. In: Welt vom 13.12.2006

11 Vgl. Bundesanstalt für Arbeitsschutz und Arbeitsmedizin (BAuA): Bitte nicht stören! Tipps zum Umgang mit Arbeitsunterbrechungen und Multitasking. Dortmund, 2017, S. 5

12 Vgl. von Rutenberg, Jürgen: Der Fluch der Unterbrechung. In: Die Zeit vom 9.11.2006

13 Tauber, Andre: Deutsche Firmen entdecken Alternative zur E-Mail. In: Welt, Wirtschaft. 6.1.2013. http://www.welt.de/wirtschaft/webwelt/article112426342/Deutsche-Firmen-entdecken-Alternative-zur-E-Mail.html [27.3.2019]

14   Vgl. Aspen Ideas Festival: 5 Questions with Gloria Mark. In: Aspen Ideas Festival. 22.6.2016. http://www.aspenideas.org/blog/5-questions-gloria-mark [27.3.2019]

15   Vgl. Pattison, Kermit: Worker, Interrupted: The Cost of Task Switching. In: Fast company. 28.7.2008. https://www.fastcompany.com/944128/worker-interrupted-cost-task-switching [27.3.2019]

16   Vgl. Mark, Gloria, Gudith, Daniela, Klocke, Ulrich: The cost of interrupted work: more speed and stress. In: Conference on Human Factors in Computing Systems (CHI 2008), 5.4.2008.

17   Vgl. Erik M Altmann: Momentary Interruptions Can Derail the Train of Thought. In: Journal of Experimental Psychology General, Heft 143(1) Januar 2013, auch hier: DOI: 10.1037/a0030986

18   Vgl. Mark, Gloria, Gudith, Daniela, Klocke, Ulrich: The cost of interrupted work: more speed and stress. In: Conference on Human Factors in Computing Systems (CHI 2008), 5.4.2008.

19   Vgl. Mark, Gloria, Gonzalez, Victor M, Harris, Justin: No Task Left Behind? Examining the Nature of Fragmented Work. In: In Proceedings of the SIGCHI Conference on Human Factors in Computing Systems, pp. 321–330, 2.4.2005.

20   Mark, Gloria: Sensing Attention: Focus, Stress, and Affect at Work« | Talks at Google. https://www.youtube.com/watch?v=YGqInNFXkvE. 12.6.2018 [27.3.2019]

21   Vgl. FOCUS 17/2016, S. 82.

22   Vgl. www.timeular.com

23   https://timebuzzer.com/de/

24   Vgl. »Fünf Stunden sind genug. Mehr Zeit für systematische Macher und kreative Chaoten!« Mit Tipps von Cordula Nussbaum. In: PAGE 10.18, S. 43 ff.

25   Vgl. Frenk, Rafael: Doping fürs Gehirn. In: Die Höhle der Löwen, das Magazin zur Sendung, Gruner + Jahr Wirtschaftsmedien Heft 1/2018, S. 105 ff.

26   Vgl. Bundesministerium für Arbeit und Soziales: Sicherheit und Gesundheit bei der Arbeit, Berichtsjahr 2017 Bericht der Bundesregierung über den Stand von Sicherheit und Gesundheit bei der Arbeit und über das Unfall- und Berufskrankheitengeschehen in der Bundesrepublik Deutschland im Jahre 2017, S. 60.

27   Vgl. Barbara Pangert, Ständige Erreichbarkeit – Ursachen, Auswirkungen, Gestaltungsansätze, Ergebnisse aus dem Projekt MASTER – Management ständiger Erreichbarkeit Freiburg, Juli 2017, S. 28.

28   Vgl. Bundesministerium für Arbeit und Soziales: Sicherheit und Gesundheit bei der Arbeit, Berichtsjahr 2017 Bericht der Bundesregierung über den Stand von Sicherheit und Gesundheit bei der Arbeit und über das Unfall- und Berufskrankheitengeschehen in der Bundesrepublik Deutschland im Jahre 2017, S. 62.

29   Vgl. Lott, Yvonne: Intra-Individual and Crossover Effects of Work Contact in Leisure Time on Satisfaction with Work-Life Balance, Working Paper Nr. 210 November 2018 Hans-Böckler-Stiftung, WSI, S. 13.

30 Vgl. Investopedia: What is Apple's current mission statement and how does it differ from Steve Jobs' original ideals? In: Investopedia. 9.1.2018. https://www.investopedia.com/ask/answers/042315/what-apples-current-mission-statement-and-how-does-it-differ-steve-jobs-original-ideals.asp [27.3.2019]

31 Vgl. Gerbert Franz et al.: Beherrschen Sie Ihr Smartphone, oder beherrscht Ihr Smartphone Sie? In: FOCUS Magazin 17/2016. https://www.focus.de/digital/internet/titel-beherrschen-sie-ihr-smartphone-oder-beherrscht-ihr-smartphone-sie_id_5457913.html [27.3.2019]

32 Vgl. Zukunft Gesundheit 2018: Jungen Bundesbürgern auf den Puls gefühlt. Eine Studie unter 14- bis 34-Jährigen im Auftrag der Schwenninger Krankenkasse und in Kooperation mit der Stiftung »Die Gesundarbeiter – Zukunftsverantwortung Gesundheit«, S. 27 ff.

33 Vgl. Paulsen, Susanne: Diagnose Nackenschmerz. In: FOCUS 4/2019, S. 64

34 Übungen dazu findest du im BLOG-Beitrag auf der GlüXX-Factory.de

35 Vgl. Bennett, Howard J.: Hogwarts Headaches — Misery for Muggles. In: The New England Journal of Medicine, Oktober 2003.

36 Vgl. Paulsen, Susanne: Diagnose Nackenschmerz. In: FOCUS 4/2019, S. 64

37 Vgl. ebd.

38 Vgl. Spuren des Daddelns? In: Apotheken Umschau 02/19, S. 8.

39 Vgl. Ward, Adrian F. et al.: Brain Drain: The Mere Presence of One's Own Smartphone Reduces Available Cognitive Capacity. In: The University of Chicago Press Journals. 3.4.2017. https://www.journals.uchicago.edu/doi/full/10.1086/691462 [27.3.2019]

40 Vgl. KasperskY Lab: My smartphone, my friend, Video bei Minute 1´25. 7.9.2016. https://www.kaspersky.com/blog/digam-smartphones-friends/12910/ [27.3.2019]

41 Vgl. Zühlsdorff, Henning: Neue Studie: Produktiver sein ohne Handy. In: Leuphana, MEdlungen aus der Forschung. 29.1.2016. https://www.leuphana.de/news/meldungen-forschung/ansicht/datum/2016/01/29/neue-studie-produktiver-sein-ohne-handy.html [27.3.2019]

42 Vgl. Ward, Adrian F. et al.: Brain Drain: The Mere Presence of One's Own Smartphone Reduces Available Cognitive Capacity. In: The University of Chicago Press Journals. 3.4.2017. https://www.journals.uchicago.edu/doi/full/10.1086/691462 [27.3.2019]

43 Vgl. Weller, Chris: Non-smokers at this Japanese company get 6 extra vacation days for not taking smoke breaks. In: Business Insider Deutschland.2.11.2017. https://www.businessinsider.de/non-smokers-at-japanese-company-get-6-extra-vacation-days-2017-11 [27.3.2019]

44 Der Check basiert auf einem Check von Dr. David Greenfield, Dozent für Psychiatrie an der Universität von Connecticut und Gründer des Zentrums für Internet- und Technologie-Abhängigkeit (Center for Internet and Technology Addiction, CITA). Mehr Infos hier: https://virtual-addiction.com/smartphone-compulsion-test/

45 Süchtig zu sein ist heutzutage Gott sei Dank kein Stigma mehr und viele Fachleute können helfen. Einen guten Überblick und Kontaktadressen zum Thema »Medienabhängigkeit« bietet die Website des Fachverbandes Medienabhängigkeit e.V. http://www.fv-medienabhaengigkeit.de/

46 Vgl. Kaspersky Lab, My smartphone, my friend, Video bei Minute 1´33. 7.9.2016. https://www.kaspersky.com/blog/digam-smartphones-friends/12910/ / [27.3.2019]

47 Vgl. Heinrich, Jörg: Einmal offline sein, bitte! In: Lead, Digital Detox, Smartphone. 13.3.2018. https://www.lead-digital.de/einmal-offline-sein-bitte/ [27.3.2019]

48 Vgl. Ewert, Laura E.: Ferien für den Gaumen. In: FOCUS Magazin Nr. 4 (2019), Leben. 19.1.2019. https://www.focus.de/magazin/archiv/leben-ferien-fuer-den-gaumen_id_10212207.html [27.3.2019]

49 Vgl. Heinrich, Jörg: Einmal offline sein, bitte! In: Lead, Digital Detox, Smartphone. 13.3.2018. https://www.lead-digital.de/einmal-offline-sein-bitte/ [27.3.2019]

50 Ein Mini-Tutorial – wie das geht, findest Du im BLOG unter www.gluexx-factory.de.

51 Wie Du diese Regel einrichten kannst, das erkläre ich in diesem Kurz-Video: https://www.gluexx-factory.de/outlook-regel-absender-erreichbar-sein-nicht-erreichbarkeit/

52 Vgl. Joeres, Annika: Ohne Smartphone in die Schule – ja, das geht. In: Zeit online, Gesellschaft. 24.10.2018. https://www.zeit.de/gesellschaft/schule/2018-10/handy-verbot-frankreich-schule-bildung [27.3.2019]

53 Vgl. Dahlkamp, Silvia: Gummibären ade. In: Spiegel 09/2018, S. 110 f.

54 Vgl. Barkei, Natalie: Was man mit dem Smartphone in Meetings macht. In: bitkom, Pressebereich. 29.5.2015. https://www.bitkom.org/Presse/Presseinformation/Was-man-mit-dem-Smartphone-in-Meetings-macht.html [27.3.2019]

55 Vgl. Backovic, Lazar, Rickens, Christian: Zeit-Arbeiter – Topmanager legen ihre Terminkalender offen. In: Handelsblatt, Zeitmanagement. 28.12.2018. https://www.handelsblatt.com/unternehmen/management/zeitmanagement-zeit-arbeiter-topmanager-legen-ihre-terminkalender-offen/23785580.html [27.3.2019]

56 Vgl. iga Barometer 2016, S. 22.

57 Vgl. Bundesministerium für Arbeit und Soziales, Sicherheit und Gesundheit bei der Arbeit Berichtsjahr 2017, S. 64 f.

58 Vgl. Scholz, Christian: Blendwerk Work-Life-Blending. In: managerSeminare Heft 239, Februar 2018, S. 40.

59 Vgl. tz: Neue Microsoft-Zentrale: Selbst die Chefin hat keinen eigenen Platz. In: tz, München. 11.10.2016. https://www.tz.de/muenchen/stadt/schwabing-freimann-ort43408/microsoft-zentrale-in-muenchen-selbst-chefin-hat-keinen-eigenen-platz-6832305.html [27.3.2019]

60 Die Selbstchecks wurden erstellt auf Basis von Checks der anonymen Workaholics (www. Arbeitssucht.de) und der Uni Bergen (https://www.uib.no/en/news/36450/driven-work).

61 Vgl. The Economic Times: 16 people whose incredible work ethic paid off. In: The Economic Times, Management & Leaders. 7.12.2014. https://economictimes.indiatimes.com/slideshows/management-leaders/16-people-whose-incredible-work-ethic-paid-off/slideshow/45399977.cms sowie https://ienjoy.de/uebliche-tag-apples-ceo-tim-cook/ [27.3.2019]

62 Vgl. Vance, Ashlee: Elon Musk: Wie Elon Musk die Welt verändert – Die Biografie. 1. Auflage, Finanzbuch Verlag, München 2015, S. 51.

63 Vgl. Stone, Brad: Der Allesverkäufer: Jeff Bezos und das Imperium von Amazon. 2. Auflage, Campus, Frankfurt 2018, S. 26.

64 Vgl. Roth, Andrea: Erst tüchtig, dann süchtig – Die Droge Arbeit. In: BR, alpha 1. 7.4.2018. https://www.br.de/fernsehen/ard-alpha/sendungen/campus/doku/sucht-arbeit-droge-tuechtig-doku-campus100.html [27.3.2019]

65 Vgl. Meissner, Ulrike: Arbeitssucht schadet dem Unternehmen. In: HR Today. 26.9.2018. https://www.hrtoday.ch/de/article/arbeitssucht-workaholic-burnout [27.3.2019]

66 Eine gute Hilfe sind die virtuellen Treffen der Anonymen Arbeitssüchtigen AAS, www.arbeitssucht.de.

67 Vgl. pronova BKK, Betriebliches Gesundheitsmanagement 2018, Ergebnisse der Arbeitnehmerbefragung | Februar 2018, S. 18 ff.

68 Vgl. Gifford, Julia: The secret of the 10% most productive people? Breaking! In: Desk Time. 14.5.2018. https://desktime.com/blog/17-52-ratio-most-productive-people [27.3.2019]

69 Vgl. Nussbaum, Cordula: LMAA: 66 Mini-Plädoyers für mehr Mut, Leichtigkeit und Gelassenheit, S. 31 ff.

70 Vgl. Jakob, Nora: Seid smart, bleibt faul. In: orange by Handelsblatt. 3.5.2017. https://orange.handelsblatt.com/artikel/25932 [27.3.2019]

71 Vgl. Cirillo, Francesco: Do more and have fun with time management. In: Francesco Cirillo, The Pomodoro Technique. o.J. https://francescocirillo.com/pages/pomodoro-technique [27.3.2019]

72 Vgl. Hayashi, Mitsuo, Masuda, Akiko, Hori, Tadao: The alerting effects of caffeine, bright light and face washing after a short daytime nap. In: Elsevier, Science Direct. Dezember 2003. https://www.sciencedirect.com/science/article/pii/S1388245703002554 [27.3.2019]

73 Wie das geht, erfährst Du in diesem BLOG-Beitrag: https://www.gluexx-factory.de/treiben-sie-es-bunt-outlook-farben-termine/

74 Vgl. Rosendahl, Ulrich Betriebliches Gesundheitsmanagement 2016, Ergebnisse der Arbeitnehmerbefragung. In: pronova bkk. https://www.pronovabkk.de/downloads/daae5e87365e21c9/pronovaBKK-160317-Arbeitnehmerbefragung-BGM-2016-Gesamt.pdf, S. 22. [27.3.2019]

75 Mehr Infos zum Online-Kurs findest Du unter www.gehtjadoch.com/antreiber.

76 Ausführlich kannst Du das im Online-Kurs machen, mehr Info unter www.gehtja-doch.com/antreiber.

77 Gerne unterstütze ich Euch dabei mit einem Gast-Beitrag oder einem Vortrag. Einfach mal anklopfen unter info@kreative-chaoten.com.

78 Vgl. Maas, Sabine: Die meisten Menschen sind keine Erholungsprofis! In: (idw), Pressemitteilung. 12.6.2003. https://idw-online.de/de/news64975 [27.3.2019]

79 Vgl. Nussbaum, Cordula: Geht ja doch!, S. 76.

80 Vgl. Nuber, Ursula: Die neue Leichtigkeit des Seins, geb. Ausgabe, 1. Auflage, Scherz, Bern 2003, S. 85ff. Übernahme der Begriffe mit freundlicher Genehmigung der Autorin.

81 Vgl. randstad: Warum wechseln die Deutschen den Job? In: randstad.de. 31.7.2018. https://www.randstad.de/ueber-randstad/news/20180731/warum-wechseln-die-deutschen-den-job [27.3.2019]

82 Vgl. Kraft, Ulrich: Mönche in der Magnetröhre. In: SZ.de. 19.5.2010. https://www.sueddeutsche.de/wissen/neuro-experiment-moenche-in-der-magnetroehre-1.912829. [27.3.2019]

83 Pragmatische Tipps, wie Du eine schöne optische Ruhe schaffen und erhalten kannst, bekommst du in: Nussbaum, Cordula: Organisieren Sie noch oder leben Sie schon? S. 150ff.

84 Vgl. Usher, Shaun: Lists of Note: Aufzeichnungen, die die Welt bedeuten. 1. Auflage, Heyne, München 2015, S. 35f. und S. 110.

85 Vgl. Goodrich, Terry: Can Writing Your 'To-Do's' Help You to Doze? Baylor Study Suggests Jotting Down Tasks Can Speed the Trip to Dreamland. In: Baylor, Media and Public Relations. 11.1.2018. https://www.baylor.edu/mediacommunications/news.php?action=story&story=192388 [27.3.2019]

86 Mehr Infos findest Du hier: https://www.gluexx-factory.de/mit-der-reisenden-to-do-sammlung-den-uberblick-behalten/

87 Mehr glücksbringende Aktivitäten lernst Du in meinem Buch GlüXX-Factory kennen.

88 Vgl. Ruess, Anette, Mai, Jochen: Stress – und kein Ende. In: Handelsblatt. 28.3.2007. https://www.handelsblatt.com/karriere/nachrichten/volkskrankheit-stress-und-kein-ende/2788788.html [27.3.2019]

89 Eine Übersicht über empfehlenswerte Apps findest Du im BLOG www.gluexx-factory.de

90 Vgl. Nussbaum, Cordula: LMAA, GABAL 2018, S. 91ff.

91 Diese Übung findest Du im Blog GlüXX-Factory auf www.gluexx-factory.de.

Über Cordula Nussbaum

Cordula Nussbaum, langjährige Wirtschaftsjournalistin und 19-fache Buchautorin, begeistert und inspiriert Millionen Menschen mit ihren Impulsen zum persönlichen Erfolg.

Ihr Podcast »Kreatives Zeitmanagement« hat weltweit mehr als zwei Millionen Downloads und rangiert seit Jahren unter den Top-Erfolgs-Podcasts. Ihre Bücher erschienen bislang in sechs Sprachen.

Die Vorträge der humorvollen Rednerin im In- und Ausland besuchen bis zu 1.000 Teilnehmer; Unternehmen von Allianz bis ZDF schätzen ihre Expertise als Trainerin und Coach.

Der SPIEGEL Wissen bezeichnet sie als »Deutschlands führende Expertin im Thema Zeitmanagement«.

Cordula Nussbaum erhielt bereits zahlreiche Auszeichnungen wie »Trainerin des Jahres«, »Top 100 Erfolgs-Trainer« oder »TOP 10 Trainer & Influencer 2019«. Als zweite deutsche Frau erhielt sie die weltweit einzigartige Auszeichnung »Certified Speaking Professional CSP« für ihr verdienstvolles Wirken im Weiterbildungsbereich.

Sie lebt mit ihrem Mann und ihren beiden Kindern bei München und liebt es, in der Hängematte zu liegen und mit einem guten Buch abzuschalten.

www.kreative-chaoten.com